U0141263

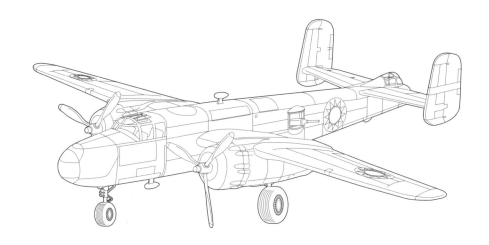

Memoirs of Air Force
during Suppression of
the Communist Rebellion 四

空軍戡亂
回憶錄

- Section IV
第十大隊、第二十大隊、第十二中隊
及其他單位
The 10th Group, the 20th Group, the 12th Squadron,
and Other Units

目錄

編輯說明

「一年準備，二年反攻，三年掃蕩，五年成功。」

國共戰爭期間，國軍為什麼在 1949 年遭逢空前未有的挫敗，是許多人日以繼夜嘗試解答的問題，包括國軍高層自己。隨著中華民國政府遷設臺灣，國軍高層生聚教訓，等待反攻大陸的時機，眾人亦不免回眸過去的慘痛經歷。

我們從《蔣中正日記》當中，便可看到 1950 年代反攻計畫的擬訂與推動，除了在軍備上須做充足準備，亦須反省戡亂作戰期間的諸般作為。

因此，在 1957 年，政府當局曾組織較大規模的檢討工作，由全軍上下針對戡亂時期的作戰經過，撰寫個人心得報告，內容包括當時戰役的準備情形、發生經過、國軍與共軍的優缺點等，作為反攻計畫的參考。

這些心得報告，自高階將領至基層士官兵皆有，因為每個人所處的位置，所能觀察到的面向，與戰後的檢討，各有不同的價值。

本套書《空軍戡亂回憶錄》，以單位區分，呈現抗戰勝利，空軍飛行單位整編為八個大隊又一個中隊之後，空軍軍官的戡亂作戰情形。本冊收錄部分為任職於空運部隊——第十大隊、第二十大隊，照相偵察部隊——第十二中隊，以及其他後勤機關、地面部隊等單位的空軍軍官回憶，並附空軍總司令部第二署所編纂的「空軍戡亂簡史」。

惟 1957 年距離作戰已過多年，人物、時間、地點、戰鬥過程等回憶難免有誤，同一場戰役的觀察結果也可能與他人不同，

建議讀者仍可參酌其他史料、回憶錄，以取得對戰役的全盤瞭解。

第十大隊

● 　張光明
作戰時級職：空運第十大隊副大隊長
撰寫時級職：國防大學校上校一級學員

前言

一、關於剿匪戰役之迄止日期，因時隔久，難有真確記述。

二、空軍在剿匪諸戰役中，並未有匪空中之對抗，純支援地面作
戰之行動，因之，地面之情況態勢及其他因素，知者極少，
即有知者，僅屬某一情況而已，故不能詳述之。

三、在剿匪戡亂期間之部隊職務，為空運第十大隊副大隊長，參
加之戰役、戰鬥，純為空運、空投，其間有以空運機服任轟
炸及偵察、及夜間支援作戰任務。

四、復員與戡亂之雙重任務下，空運機分散各地分別服行任務，
純集中使用之次數尚屬不多，故只能將參加較大之戰役回憶
與檢討。

支援作戰地區：遼北省四平街之役
作戰時間：民國三十六年五月

（一）概述

空軍空運第十大隊奉命派遣 C-47 型機五架（後增至十一
架）由北平進駐瀋陽，擔任對四平街友軍空中補給支援
作戰。

（二）作戰前之狀況

當時所之情況，我方陳明仁部隊被圍於四平街，匪軍由

西南方向猛攻該方部隊，且漸接近城下，我方援軍被阻於鐵嶺之南，前進滯緩。

（三）我軍作戰指導

奉命對四平街友軍作空投補給支援。

（四）作戰經過

四平街我軍遭匪軍晝夜更番不停之猛烈攻擊，城圍工事西南方面被匪數次突破，當時空軍亦數集中兵力大肆轟炸掃射，匪軍數次均未得逞。匪見於白晝攻擊，遭遇我空中攻擊威脅嚴重，乃變為夜間攻擊。夜間我戰鬥機部隊則無法出動，四平街支力不足，遂成大有被殲之勢。在此情況下，上下均感焦慮，且入夜則戰況不明，無從注意一切情況之發展。基於此種情勢，而上峰急欲如何空軍能於夜間偵察與空中支援作戰，藉以頓挫匪夜間之攻勢，爭取時間待援，以保四平。然於當時，空軍尚無夜間飛行作戰能力之部隊，此時此情，乃毅然應之以空運機擔任夜間偵察與夜間轟炸支援任務，以空運載量大，攜載大量之炸彈，終夜環飛巡偵轟炸於戰場上空，凡有砲火向城內射擊發現之處，則行往復穿梭之轟炸。因之，收到希望之外之效果，匪之夜間攻勢因而確為頓挫，戰況之變化亦隨減輕。繼續若干日後，我援軍越鐵嶺，遂告解圍。

於某日之下午奉令行緊急空投補給，三十六噸彈藥於該日下午五時半前必須投下，然於接命令之時已午後三時，飛機妥善者四架，在急速行動下，卒於五時十五分將三十六噸彈藥投下，完成緊急任務。在空投時飛行高度僅千呎，所駕飛機左翼中彈安返基地。

（五）戰鬥後狀況

　　當戰鬥結束，駕機送指揮官赴四平街，到處堆積匪兵屍體，成堆火化。

（六）檢討

1. 空中支援作戰集中兵力對一重點攻擊頗能收有意外之成效，由於匪軍波浪式更番之猛攻，均受空中攻擊之嚴重打擊，在此戰役中可以事實顯照之。

2. 匪用坑道接近攻擊，普通之空中炸射，並不能給予嚴重危害，如用重磅炸彈對匪坑道頗有效果。

3. 當時之陸空聯合作戰方式甚差，空中對地面之友軍情況知者太少，因之常感有不知如何協助、從何處而協助，有時友軍對空軍之要求支援者，每感非空軍能力所能負擔。

4. 由於此次之夜間嘗試，空運機在以後諸戰役中，負起夜間廣泛之任務，實有助於友軍之作戰，固然以空運機服行此種任務，乃非科學之道，然而不能忽略當時之空軍沒有輕中型轟炸機了，僅有者戰鬥機也。因勢之所需，各高級指揮階層，對戰況危害解除之謀求意念，各戰鬥部隊陷於苦戰渴求空中支援之企盼情形，均非理論者所能瞭解，非親臨實況者始能瞭解其真假之存在。然軍隊之於作戰，必須務求適應各種情況之所需，並求其各行動有其真實效果，無設法使之變有，不能而使之其能也。

5. 由於此次夜間之嘗試，對友軍盡了空軍之責任，得以保全四平之安全，給予匪軍之重大失敗無傷亡，尤其對今後之空軍有若大之建設性進步，造成空軍無數之全天候之飛行能力。當時之對部屬訓示「訓練寓於作戰，作戰寓於訓練，吾輩必續具備全天候之飛行能力，始稱之為

空運全能之飛行人員」。創意和敢嘗試是進步的啟爆，
亦是戰勝之大無畏。

● 周伯源

作戰時級職：空軍第十大隊中校一級副大隊長
撰寫時級職：空軍訓練司令部上校一級督察室主任

作戰地區：海口、西昌
作戰起訖日期：38 年 9 月至 11 月

戡亂海口西昌間空中支援心得報告

一、概述

　　職於民國三十八年四月奉令調任空軍第十大隊副大隊長職，當時大隊長為衣復恩上校，使用裝備為 C-46 雙引擎空運機，專負空運任務。大隊部下設四課，分掌人事、情報、作戰及後勤四部門，六室為大隊部辦公室、政治室、督察室、統計室、預財室、醫務室，直轄四個中隊、一個救護隊及一個專機組，每個中隊下轄四個分隊，全大隊總計官兵二千餘員，飛機七十二架。抗戰期間，擔任軍運不遺餘力，迨勝利後，由於復員，接收空運業務更為忙碌，及至共匪叛亂，大陸撤退，我空軍相繼遷台，空中輸送隨之益為頻繁。本大隊於三十八年奉令進駐嘉義基地，至三十九年八月大隊長衣上校榮升空軍總部第三署副署長，所遺大隊長缺乃奉令由職調任，同時奉命兼任嘉義基地作戰指揮官職務，至四十二年一月調離空軍參校受訓。

二、作戰經過

　　由於軍事失利，國軍於三十八年撤離大陸後，即以台灣為中心，以海南島、舟山、金門各島嶼為外圍據點，從事反攻，惟當

時尚有若干陸軍部隊留守西康，繼續與共匪戰鬥。惜因環境孤立，尤以後勤支援斷絕，除實施空中補給外，別無他途，因之最高當局乃責成空軍總部負責輸送支援，該項任務並即奉總司令王上將面令由本大隊擔任，其執行重點，係以海南島海口機場為基點，經雲南直飛西康西昌，沿途無著陸機場，更無氣象或敵情報告，全程飛行時間往返共需八小時以上，且需自帶往返油料。基於上述各項情況，此項任務困難重重，復以當時尚無先例可援，飛機裝備也未臻目前之完善，尤以限於飛行油量，如遇途中氣候突轉惡劣，中途必須折返時，則油量即可能不敷，安全因素極低，飛行人員縱有冒死犯難之精神，但情緒上不免受其威脅，增加考慮，而影響飛行。故職於奉命後，亦喜亦驚，蓋此項任務飭本大隊擔任，誠屬無上光榮，但如何能秉承上級賦予而圓滿達成任務，實無把握。幾經詳加研討，嚴密策劃，首先須予解決者為油量問題，次為飛行技術問題，務期克服各種困難，以最經濟有效之方法完成任務。

（一）關於油量問題

　　查 C-46 空運機之全油量能飛行八小時，如欲使執行任務時在規定航程間之任何一點均能返航而油量仍能充足無慮，則必須另加副油箱，可是每架飛機均增加副油箱則非但時間不許可，且影響載重量，故最後決定，僅改裝加架，其餘仍維持原狀。

（二）飛行技術方面

　　每日第一批起飛者為增加副油箱之空運機，每次並提前二小時起飛，由該飛機於前進中，負責報告沿途之氣象狀況、其他有關資料，於二小時後，認為沿途情況良好，乃令第二批、第三批……相繼起飛，如此，第一批之飛機無

形中已成為游動氣象台,甚至可稱為空中航空站,如是既可使駕駛人員有恃無恐,專心執行任務,同時基地指揮官對全程情況並可瞭若指掌,便於指揮。至於其他如所需飛行架次,人員配備等,可按諸常例,不在此處贅述。

該項計劃,經呈奉總司令核可後即付諸實施,經執行結果,成效極為良好,後因西昌情況穩固,復將每日最後一批前往西昌之飛機留宿西昌,迨第二天即成雙方對飛,互換氣象報告及其他資料,則更臻安全有效,得能於預定期限內順利達成任務,我機乃均於任務完畢後,全部安返嘉義基地。

三、檢討

（一）匪軍於三十八年雖憑藉人海戰術逐次侵佔大陸,但當時之匪空軍可說異常微小,除高砲部隊外,根本無飛行部隊可資抵抗,故我空軍仍能縱橫大陸天空,往返自如,而此次對支援西昌之空中補給,在我空軍精密之策劃下乃得圓滿達成任務,尤以我空軍各級戰鬥人員,忠貞愛國勇敢果決之精神,獲得此次任務意外之成攻。

（二）空中運輸在於今日,已佔後勤支援之極重要部分,其對整個戰鬥之影響,可由民國四十三年西德被蘇俄地面封鎖,美國乃改以空中補給而安定西德大局一役為例,即可說明。故在反攻復國之前夕,一旦登陸戰開始,戰地遼闊,空運業務勢將激增,為未雨綢繆計,空運部隊應予重視而積極擴展,以配合整個戰鬥序列,實屬必要。

空軍第十大隊指揮系統表

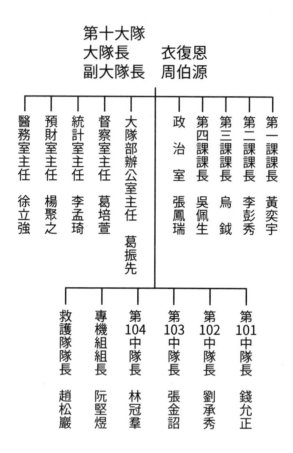

第十大隊
大隊長　衣復恩
副大隊長　周伯源

第一課課長　黃奕宇
第二課課長　李彭秀
第三課課長　烏　鉞
第四課課長　吳佩生
政治室　張鳳瑞

大隊部辦公室主任　葛振先
督察室主任　葛培萱
統計室主任　李孟琦
預財室主任　楊聚之
醫務室主任　徐立強

第101中隊長　錢允正
第102中隊長　劉承秀
第103中隊長　張金詔
第104中隊長　林冠羣
專機組組長　阮堅煜
救護隊隊長　趙松巖

● 王龍德

作戰時級職：空軍第十大隊中校大隊附
**　　　　　　空軍第十大隊作戰課中校課長**
撰寫時級職：空軍第六聯隊上校聯隊長

作戰地區：全國各戰場
作戰起訖日期：36 年至 38 年

前言

　　空軍空運部隊因其任務之特性，故在戰鬥序列上幾無空間與時間之分；今日東北，明日西南，既不固定於某一地區，復無分晴雨晝夜，非如陸軍地面部隊，僅於某時間及某空間內參加某一戰役而比擬者，故亦不易依戰役而劃分檢討，只能作原則性之概述耳。

　　剿匪戡亂戰役，依空運部隊曾擔任之任務言，為空投運兵、空運物資人員、甚至兼服偵察轟炸等工作，至為廣泛；且日以繼夜不斷行之，概全係支援或協助友軍之片斷任務，就戰爭之全局實況論，亦僅知其麟爪。尤以此類作戰計劃，乃空總策劃與指揮調遣者，部隊僅為執行單位，故當時作戰配置及兵力運用等均未獲有完整之資料，今僅就記憶所及，略予陳述。

概述

　　民國三十六年余奉派至空軍空運第一大隊服務，先後擔任大隊附、中隊長、第三課課長總計時間約三年半。

　　空運第一大隊直屬空軍總部，下轄一個專機組及 101、102、103、104 等四個中隊，另有一個 201 供應大隊，當時 101 中隊

駐上海江灣機場，102、103 駐北平西郊機場，及供應之三分之一。大隊部及專機組 104 中隊與供應大隊之大部分，均駐防於南京明故宮機場，所有機種，除 C54 001 及 B25 改裝之偵座兩用機二架外，餘全部為 C46 及 C47 空運機，在當時之大隊長衣復恩中校領導下，擔任各種專機及空運任務。迄三十八年初奉命改番號為空軍第十大隊，編制及任務均無變動，惟飛機數目實較編制者為多，故其工作負荷亦多，其中飛行時間有人多至每月將及二百小時者。待三十九年冬，海南及舟山完成轉進後，余亦奉調離開十大隊矣。

作戰任務概略經過

民國三十六年迄三十九年間，為戡亂作戰最繁重階段，兼以經濟情況紛亂，物價一日數漲，與匪偽之惡毒宣傳滲透破壞等，致戰局日趨不利。在此期間，空運部隊幾乎全年均日夜工作，除以專機不斷接送高級長官奔赴各地處處戎機外，並時以大規模部隊運送地面部隊至各戰場，及向被圍部隊空投大量之糧食與武器彈藥，兼輸送各種裝備器材以支援作戰，並於夜間實施偵炸或投放照明彈協助陸軍。但以大局不佳，致未能挽救，殊深憾惜。上述之作戰任務，因次數甚多，故無法一一列舉，但部隊中當仍保有其戰報、簡報詳報及檢討書等於檔案中，如為編纂戰史等，似宜有專人予以搜集及整理為佳。

檢討

基於空運部隊任務特性及上述戡亂作戰之經過，則不易劃分戰役而予以詳討者誠屬事實。今僅依其全般之原則性上觀感數項，概略陳述，俾供參考。

一、由於空軍人員過去選拔及訓練之優良，故在執行空中任務時，從對日抗戰時始，即奠定基礎，冒險犯難以達成任務，空軍人員不僅大部接受過現代空軍之新進訓練，而且係領袖一手創辦所培育，實深受領項之偉大精神感召而磨練成者。以往迄今，空軍尤以空運部隊在執行任務成績之表現方面仍為國際及顧問人員所欽佩及讚許者。

二、由於飛機維護保養之妥善，故在戡亂戰役中廿餘萬小時之飛行任務中，甚少因機械故障而影響飛行安全及達成任務者，且此種精神保持迄今，尤以已服務於空軍達二、三十年之老機械士人員，不計艱辛埋頭苦幹，以軍為家，視機如命，誠我空軍之偉大功臣。故空運部隊所用機種雖已十餘年以上，迄仍能保持於良好之使用情況，實基於此者至大。

三、空軍為一分工合作至多之科學兵種，一架飛機上（空運）即含有飛行、機械、航行、通信等不同專長之工作人員，其各司己職，分工甚為嚴密，而合作亦須圓滿，空軍在這一方面由於十年前即舉辦分類任職及奉行領袖訓示之「親愛精誠」一語，故能合作團結，上下一體，同心同德，忠貞為國家服務，此實為空軍能表現軍力之主要因素。

結論

　　大陸戡亂戰役雖云失敗，但失敗於政治經濟之因素居多，而軍事上則無顯著之大缺陷足以影響全局者。此語或不盡然；但空軍在作戰任務方面可謂從未失敗，無論在運用、指揮、士氣、技術等均有優異的良好表現，因為向來沒有一次大小戰役由於空軍作戰欠佳而招致影響戰局者。但是我們不能以此自滿而保持現狀，必須力求追隨科學，日新月異，求精求進，尤以今日匪偽承

其俄帝主子之扶持，亦俱備有現代化之相當空軍力量，今後在反攻復國戰役中，將非昔比，不僅要求精神及士氣超過敵人，即於技術及戰術戰法方面亦必精益求精，方能保持空軍已往之光榮，而達成復國建國之使命。

● 葛振光

作戰時級職：空軍第十大隊中校戰術督察官
撰寫時級職：空軍總司令部人事署上校一級副署長

作戰地區：長春
作戰起訖日期：37 年 6 月至 10 月 17 日

長春保衛戰

一、概述

三十七年六月下旬，斯時任職空軍第十大隊戰術督察官，奉命參加長春保衛戰役，駕 C-46 機進駐東北，擔任國軍被匪圍困於長春之部隊之空投任務。當時我部隊與後方隔絕，軍民食糧，全賴我空軍空投之接濟，一方面偵察匪情動態，提供指揮官之決策。

二、作戰前之狀況

三十七年被圍長春之部隊為鄭洞國將軍所指揮之 60A、102A，人數確數不詳，原佔有利地位，後因交通隔絕，致內無糧源，外援未達，故由空軍第十大隊第 101 中隊執行投糧任務，我機起降均在瀋陽與錦州兩機場。

三、我軍作戰指導

鄭洞國部隊在長春與外援隔絕，當局意圖以快速增援部隊解救鄭圍而確保長春據點，奈匪截阻，不能到達，我欲保此精銳部隊，援以空投支援，既期待時，復望突圍，故我空軍大量支援。

四、作戰經過

　　長春之役，當時城郊週圍均為匪軍陣地，國軍被迫至市區以內，僅賴空軍接濟糧彈，而投送場地又遠在市內廣場，飛行高度稍高，不易投中，近則毀及房屋，甚而飄觸危險建築物，遠則落於匪方。又以空運機低飛速度極易遭匪高射火網命中，故我機常採不同之高度與不同之進入與航向作單機空投，以錦州基地裝載起飛，回航則降落瀋陽，如此川流濟困，尤不能解此重圍，終失我東北屏障。

五、戰役後狀況

　　長春久圍不解，軍心渙散，鄭洞國於十月七日被俘，軍中無首，頗失鬥志，長春失陷後，東北整個動搖，已陳不可收拾之局面，我空軍雖經百戰，仍具實力，並無損失。

六、檢討

　　長春之役，匪利用我被圍部隊之機會，吸引我機空投分散我空軍兵力，消耗我軍糧彈，用計蠍毒，被困部隊始終不能作自力更生之打算，專倚空投，而遭致遺恨，高級司令部戰略指導既不預作防範於前，又不迅即解圍援救於後，期圖苟延，終至玉石俱焚，後補無及。

　　今後使用空軍須在攻勢集中、機動、經濟等戰爭原則下，交付巨大之任務，令其完成，切忌分散潛在力量，而對陸海軍須訓練其熟習與戰術空軍協同作戰諸原則，尤須使其具有不需空軍支援而能單獨作戰之信心與能力，復國建軍有厚望焉。

● 張鳳瑞

作戰時級職：空軍第十大隊第一〇一中隊中校中隊長
撰寫時級職：空軍防空學校教育處上校

作戰地區：北平、長春、石家莊
作戰起訖日期：36 年 2 月至 37 年 4 月

一、前言

　　孫子曰：「知己知彼百戰百勝」，所謂知己者不但應知我之兵力、士氣、裝備和訓練（包括戰略、戰術、技術），更應考慮到影響作戰的各種因素才行，諸如情報、通信、後勤，以及政治、外交、全國經濟、山川地利、信奉主義及領袖的成份都應計算在內。知彼當然也要考慮到敵方的一切才行，我軍在戡亂之初，正當八年抗日勝利之始，一切為復員而忙，除極少數高級人員有敵情觀念外，一般將領及幹部，多在摘取勝利果實，而陷於安樂，既置敵於腦後，當疏於作戰準備，既不關心士氣，也不重視裝備之維護，對訓練更是馬馬虎虎，能走分裂式就算滿足，對匪戰法以及有關戰爭的一切因素，那更是不肯去研究了。甚至對主義及領袖的信仰都發生了動搖，所以這樣子的軍隊，如何能打勝仗呢？更壞的是甚多將領都很自驕自大不願協同合作，因之造成了大陸上慘痛的失敗。當然無論政治、外交以及經濟資源等都未能配合作戰，也是促成失敗的重大因素，不過已超出作戰範圍，現就余個人所見對作戰意見分陳於後。

二、作戰觀念

　　匪軍既為俄帝之爪牙，當然傳得了俄帝的衣鉢，是主張永恆

的鬥爭的，其對作戰的看法是主張全民戰爭的（聯合陣線），不但要運用一切的有形力量去作戰，更運用一切無形的力量來作戰，且認為「和平」是鬥爭的一種手段。

我軍和一般人雖對戰爭的看法則不然，皆認戰爭不過是軍人的事，因此一切政治的、經濟的、外交的種種措施，多不能配合軍事，甚至軍人認為某軍地界線內的作戰與他是毫無關係的，一聽到談和就鬆弛了戒備，因有這種不正確之觀念，所以造成了軍事上的不利。

此種例證，由軍協在北平談談打打，打打談談，鬆弛了我軍軍心，在此期間喪失了不少據點，使匪坐大，即為明證。

改進意見：

（一）把所有的一切力量來配合作戰。

（二）慎防奸匪之陰謀及騙術。

（三）講求軍種與軍種間、軍與軍之間之合作。

（四）嚴格執行黨政軍之聯合作戰。

三、對匪軍常用戰法之認識與對策應加研究

（一）圍點打援

　　　戰例：卅七年四月昌濰被圍，我軍以三個整編師自濟南東進解圍，匪除全力攻擊昌濰，並以強有力的兵力，由臨淄方面向我軍左後方迂迴，切斷我補給線，我援軍被阻，昌濰亦陷落。

　　　改進意見：

　　　1. 不得已採守勢時，仍應集中力量，形成局部優勢，斷然攻擊敵人之一部。

　　　2. 要講求機動和奇襲。

3. 不得已突圍時，力向敵後滲透，乘虛竄擾。

4. 赴援中伏，應果敢轉於外翼，實行反包圍，或集中力擊破其一翼。

5. 赴援受阻，避免正攻擊應行迂迴。

（二）後退包圍

戰例：三十六年二月萊蕪方面誘我軍進入其預為佈置兵力之地區，向我實行包圍攻擊，此役我損失慘重。

改進意見：

1. 對敵情及地形仍應詳加研究。

2. 注重保防，不得洩漏我軍行動。

3. 應嚴密搜索與警戒。

4. 加強空地通信。

5. 要講求反擊與適時展開作戰。

（三）被圍被殲

戰例：長春、錦州、濟南、徐州等役均屬於被圍被殲。

改進意見：

1. 避免點線作戰。

2. 講求主動與機動。

3. 以殲滅敵人之有生力為著眼，不可以一城之得失為計較。

4. 應集中全力於決勝點之上。

5. 採用三角形之戰鬥法則。

（四）坑道戰術

戰例：匪圍我石家莊後，即在外圍挖掘大壕溝三圈，由遠而近，再掘小壕溝及地道，逐漸接近我軍陣地，對我陣地各個擊破，且於其他戰役亦常用之，如長春、四平街、安陽等戰役。

改進意見：

1. 由空中及地面嚴密偵察。

2. 多挖掘曲折外濠，深度應深。

3. 增設聽測設備。

4. 利用夜間以小部隊襲擾。

5. 多設預備工事。

6. 加強照明設備。

（五）間諜戰與情報戰

匪之間諜與情報人員之多，種類之繁，實出於我軍之上，因其得第三國際之支持故也。俄帝之格伯伍不談，就匪派至我軍作戰最高機構中已發現者，有作戰參謀次長劉匪斐，作戰廳廳長郭匪汝瑰，而在各級司令部及部隊中之潛匪多寡可想而知，因之非但對我軍行動瞭如指掌，而且進行離間與分化，造成上下不相信，彼此不合作之現象。

改正意見：

1. 加強保防工作。

2. 運用組織增進團結。

3. 追謠與止謠。

4. 肅清匪諜。

5. 運用反間。

四、建立總體戰體系

匪對作戰因運用全部一切有形的及無形的力量，因能以少剩多，以弱制強，所以我們今後之作戰，必須建立總體戰之體系才行，即戰爭以求勝為目的，無論對財力、物力、政治、外交、經

濟等措施，必須視作戰之需要而擬訂，也就是說建立總體的體系，是以軍事為主才行。

五、結論

　　火器是隨人類的生活方式進步而在不斷的改進，軍隊的裝備及編制，是隨火器的改進而改進，而戰術及戰法也就因了編裝的不同而改進，所以產生了新戰術和新戰法，但留在每個人腦海中的舊觀念及舊法則，對新戰術新戰法的影響力是很大的，尤以戰鬥開始時期為然，所以我們要研究匪軍的過去戰術和戰法，而且針對其戰術及戰法擬訂適當之對策，是有很大意義的。不過我們應針對匪軍戰術及戰法之改變趨勢，應作不斷的研究，方可產生更新戰術及對策，換句話說，我們的戰術及戰法，一定要走到敵人的先頭，那才是我們反攻獲勝的最大保障。

● 烏鉞

作戰時級職：空軍空運第一大隊第一〇一中隊
上尉副中隊長
撰寫時級職：空軍松山基地大隊上校大隊長

作戰地區：陝北

作戰起訖日期：36 年 4 月至 8 月

　　總統繼國父領導國民革命，迄今凡三十餘載，於此攸長之歲月中，最初之革命目標，雖為完成北伐與對日抗戰兩大任務，惟由於朱毛匪徒自民國十六年即開始作亂，故數十年來，可謂無一日不在進行剿匪之工作，尤以對日抗戰勝利後，朱毛匪徒藉其於抗戰期中之蘊育壯大，乃趁我國力未復之際，在其主子俄寇唆使與協助下，更從事其大規模之叛亂行動，俾使我中華民族成為俄寇之牛馬為其驅使，而達成其赤化世界之迷夢。因此我戡亂工作，亦即反共抗俄之神聖戰爭，乃成為迫不及待之革命任務，此一革命任務，不僅為爭取我民族之生存，保障我四億五千萬同胞之生命與自由，且亦關係亞洲之安危與整個自由世界人類之和平，故以一任務，為我革命同志及每一國民所必須盡力以赴者。

　　個人係於抗戰前夕參加革命行列，抗戰其中完成革命教育，繼而服行抗戰任務，勝利後復於領袖領導下執行戡亂工作，於大陸時期，個人係屬下級幹部，雖各重要戰役均多參加，惟對整個敵情，我軍部署及作戰計劃等，均多不知悉，所能瞭解者，僅從閱讀報紙，或耳聞或為達成任務所必須知曉之局部情況，僅將個人所參加之主要戡亂任務，分列陳述於後，以供參考。

陝北空投

　　此一任務係繼三十六年四月間國軍克復延安後，向北追擊前進期中而執行者，國軍胡宗南將軍所屬，於克復延安後，匪徒乃向北流竄，為澈底消滅匪徒計，國軍乃跟蹤向北追擊前進，由於陝北陸路交通不便，致使第一線之補給頓成問題，為達成任務，消滅匪徒計，地面之前進部隊不得不借助於空中之補給。

　　當時擔任是項任務者為空軍空運第一大隊之一〇一中隊，隊長為楊道古少校，余任上尉副隊長職，全隊之飛機為十六架，中隊奉命後，即命余率 C-46 型機十架由上海進駐西安，每日隨地面部隊進展情況之不同，而執行前方食物及彈藥之空投，空投地點計有安定、吳堡、瓦窰堡、米脂等處，地面部隊藉空中補給得以節節推進，此一任務延續至八月中旬始行結束。

　　該次任務，雖僅有飛機十架參加，而每日均能九架出動，實可謂發揮最高效率，此皆由於我機械同仁之辛勤努力所致，蓋每次任務完畢後，機械同仁不分晝夜即刻對飛機進行檢查修理，已備下次任務時之使用，由此可知空地勤人員之密切合作，實為發揮戰力之最主要因素。

● 李廷凱

作戰時級職：空軍第十大隊第一〇二中隊
　　　　　　少校一級中隊長
撰寫時級職：空軍總司令部政治部祕書室上校一級主任

作戰地區：遼北省四平街

作戰起訖日期：36 年 5 月 23 日至 6 月 30 日

四平街戰役

　　民國三十六年五月初，匪幫林彪等，擬侵犯我遼北四平街，希冀切斷並孤立瀋陽至長春我各個據點，利用晝歇夜行的戰術，躲避我空軍的攻擊，集結匪眾來犯。當時我軍判明其動向，即策定阻遏匪幫企圖之計劃，集中陸空軍，協同作戰，因此展開空前之四平街戰役。

空軍駐瀋陽計有：

* 空軍戰鬥第四大隊（無夜間飛行經歷）
* 空中轟炸第一大隊一中隊（無夜間飛行設備）
* 空軍空運第十大隊 102 中隊（能擔任夜間飛行）

　　彼時余擔任空軍空運第十大隊 102 中隊中隊長，於民國三十六年五月二十三日奉命進駐瀋陽，駕駛 C-47 機 212 號載運全隊工作人員及率領飛機六架，於當日飛抵瀋陽北陵機場。

　　五月二十六日二十時四十五分，偕副駕駛劉益祿、薛懷遠、鄧又根，駕駛 C-47 機 212 號飛四平街週圍地區偵察，二十七日

零時二十分返抵北陵機場落地。

五月二十七日二十時五十分，又駕駛 212 號機，偕副駕駛常江、蕭孝嵩、鄧又根、楊文成，再度出發偵察四平街週圍匪情，沿途天氣惡劣，二十三時二十五分返抵北陵機場落地。

六月二十一日，奉命夜間轟炸四平街匪區（鐵路以南地區），偕副駕駛蕭孝嵩、殷延珊、鄧又根，飛 212 號飛機，載 250 磅爆炸彈十五枚，60 磅照明彈四枚，陸續將全部炸彈投中匪區，空中飛行五小時十分鐘。

六月二十二日夜間，偕副駕駛劉益祿、殷延珊、薛懷遠、吳國禮，飛 212 號飛機，載 250 磅爆炸彈二枚、150 磅燒夷彈十一枚、照明彈四枚，陸續將全部炸彈投中匪區，空中飛行五小時二十五分鐘。

六月二十四日夜間，偕副駕駛蕭振崑、殷延珊、鄧又根，飛 212 號飛機，載 500 磅爆炸彈五枚、150 磅燒夷彈五枚、照明彈二枚，陸續將全部炸彈投中匪區，空中飛行五小時十分鐘。

六月二十五日夜間，偕副駕駛劉益祿、殷延珊、鄧又根，飛 212 號飛機，載 500 磅爆炸彈五枚、100 磅殺傷彈四枚、60 磅照明彈二枚，陸續將全部炸彈投中匪區，空中飛行四小時四十分鐘。

六月二十七日夜間，偕副駕駛張永和、薛懷遠、鄧又根，飛 212 號飛機，載 500 磅破壞彈六枚、機關砲一挺、砲彈一百發，因沿途天雨返航。

六月二十九日夜間，偕副駕駛張永和、薛懷遠、鄧又根，飛 212 號飛機，載 500 磅破壞彈五枚、100 磅燃燒彈十四枚、照明彈一枚，陸續將全部炸彈投中匪區，空中飛行九時正，六月三十日早晨返抵北陵機場。

匪幫經我陸空軍協同作戰，終於不支潰敗，造成四平街空前大捷。

七月一日，偕副駕駛殷延珊、鄧又根，飛 212 號飛機，載記者團三十人宣慰四平街守軍，在飛機落地後，目睹匪屍遍野狼籍，其犧牲慘重當無諱言矣。

就此次戰役勝利之因素，當屬我陸空軍官兵作戰奮勇，指揮得當，謹依戰況作以下之檢討報告。

空軍

晝間由第一、四兩大隊派遣中隊飛機，不斷的阻擊匪幫補給品之運輸，並搜索壕溝休息之匪，予以攻擊，使其晝夜均不能安眠。第十大隊 102 中隊晝間空投大批彈藥，接濟友軍；夜間在雙方火線上，4500 呎高度，冒險連續投彈，均命中匪區並摧毀匪幫攻擊能力（所謂冒險者，為運輸機無投彈設備，靠人力摸索推擲，在雙方肉搏線上，如偏差自己陣地，擇期影響不堪設想矣）。官兵日夜工作，從無疲倦之感覺，士氣十分旺盛。

陸軍

戰志堅強，在陣地前挖掘壕溝，安置煤油燈標示我軍位置，能使空中一目瞭然，造成陸空協同作戰勝利之有力手段。

匪幫優點

利用鐵路以南建築物為依托，猛烈賡續進攻，北面平原陣地為避免犧牲，以壕溝固守其陣地。匪幫能予短暫時間內建成四週壕溝陣地。

缺點

晝間無活動能力，補給困難為失敗的原因。

● 烏鉞

作戰時級職：空軍空運第十大隊第一○三中隊
**　　　　　　上尉中隊長**
撰寫時級職：空軍松山基地大隊上校大隊長

作戰地區：遼西錦州

作戰起訖日期：37 年 10 月

遼西會戰

　　三十七年秋，我東北諸省之情況，由於長春及其他幾個重要據點失守後，已處於不利之態勢，至十月初匪漸向錦州外圍集結，是時我地面部隊駐防錦州地區者為范漢傑兵團，共匪以數倍於范兵團之兵力於十月中開始圍攻錦州，我地面友軍新一軍隨由瀋陽前來援助，惟行抵黑山時即被匪所阻，無法前進。

　　余是時任空軍第十大隊一○三中隊隊長職，全隊飛機二十五架，駐防於北平，於戰役開始後，即奉命擔任錦州范兵團所需彈藥之空投，同時參加該一任務者，尚有一○一及一○二各中隊，每日均派機前往，直至月底錦州淪陷於匪手後，始結束該一任務。

　　該一戰役不僅關係錦州之安危，且亦影響整個東北之情況，錦州失守後，瀋陽亦隨之淪於匪手，至此我整個東北河山，均為赤焰所迷漫。

● 烏鉞

作戰時級職：空軍空運第十大隊第一○三中隊
**　　　　　　上尉中隊長**
撰寫時級職：空軍松山基地大隊上校大隊長

作戰地區：徐蚌
作戰起訖日期：37 年 12 至 38 年 1 月

徐蚌會戰

　　三十七年東我整個東北及華北為匪所乘後，戰爭即轉移至華中地區進行，十二月初會戰開始時，適余所率之一○三中隊奉命由北平撤至南京大隊部所在地歸建，當時我地面友軍係由杜聿明將軍所統率的三個兵團，從徐州向西南移動，準備與被圍於雙堆集的黃維兵團相會和，待行至陳官莊時，即與匪遭遇，匪我雙方的會戰即於陳官莊開始。由於匪較我兵力雄厚，會戰後開始不久，我地面友軍即處於被圍的不利態勢，我空軍為配合地面友軍作戰，幾將全部兵力出動，參加的各部隊，據個人所知，計有空軍第三大隊、第五大隊、第八大隊、第十大隊、第二十大隊等部隊，三、五大隊擔任對地攻擊，第八大隊擔任轟炸，第十大隊擔任空投及夜間偵炸，第二十大隊擔任空投。我空軍各部隊自會戰開始，至會戰結束，均盡能力所及，全部出動執行各項任務，以援助地面友軍，余所率的一○三中隊每日均飛至前方空投彈藥及食物，至三十八年一月中我地面部隊彈盡糧絕為止，任務方行中止。

　　是次會戰以個人的觀察，實為我地面部隊與匪主力之會戰，

關係實為重大，該次會戰如我能取得勝利，則整個局勢尚大有可為，甚至可將匪逐步逐退，漸次消滅，所不幸者，會戰結果，我遭失敗，考其原因，就愚見認為有下列數端：

（一）情報不靈。

（二）作戰不夠機動，與匪遭遇後，即停止前進，直至被圍後，再想突圍亦不可能。

（三）受匪蠱惑之宣傳，士氣低落。

（四）保防不夠嚴密。

總之我大陸時期戡亂之失敗，實為我革命軍人之一奇恥大辱，影響所及，不僅使我大陸同胞淪於暗無天日之牛馬生活，且關係整個亞洲之安危及自由世界人類之和平，因次我們必須接受失敗之教訓，檢討得失，深研匪徒之戰略戰術戰法，進而講求對策，研究以寡擊眾之革命戰術，在軍民團結一致共同努力奮鬥下，以完成我復國建國之革命任務。

● **張金詔**

作戰時級職：空軍第十大隊第一〇三中隊
**　　　　　　少校副中隊長**
撰寫時級職：空軍第十大隊空軍中校一級副大隊長

作戰地區：上海

作戰起訖日期：38 年 4 月至 5 月 25 日

上海戰役

　　我是一個空運部隊的空勤軍官，在戡亂作戰中雖然也曾服行了不少任務，但是那些個任務多半都是屬於空中輸送勤務方面的，與作戰之直接接觸極少，同時當時我又是一個低級的工作者，因此除開本身所擔負的勤務以外，在其他方面所能夠知道的就非常有限，而且事實上我也無從獲知全般情況與我任務以外的任何資料。所以在下面的撰述裡，關於人、時、地、物、量等方面以及全般態勢與得失等等，就很難提出確切的資料，因此在後面就只能以我當時在工作環境裡的耳聞目睹，以及個人之觀察與判斷來作一次綜合的回顧以供參考。其真實性與資料之價值，有待與該戰役之詳細史料參照後始能加以取捨，這是先需要提出來加以特別說明的。

　　三十八年四月南京陷匪，首都南遷廣州，我京滬沿線陸軍迅即向上海近郊集中，停留長江中之我海軍艦隊於衝破匪共之重重封鎖後，突圍抵達長江口；我空軍部隊亦於南京撤守後向上海附近之各機場集中，以圖全力保衛我經濟中樞之大上海。斯時我空軍各部隊，第八大隊之 B-24 機及另一驅逐大隊駐於大場，一

大隊之 B-25 及蚊式機、三大隊之 F-51、十二中隊之 P-38 以及十大隊之 C-46 與 C-47 及二十大隊之 C-46 型機，則均以江灣機場為基地，擔任滬台間之疏運工作。本大隊除每日以 C-47 二－三架、C-46 五－八架留駐江灣以備緊急運用外，以嘉義為基地之 C-46 及以松山與定海為基地之 C-47 每日均往返於台滬間，日必數十架次以疏散重要物資及人員。在戰役全期由湯恩伯將軍負其全責，我前總司令周及總司令王均曾親蒞滬濱坐鎮指揮，我空軍部隊作戰三署毛署長瀛初則常川駐江灣負責實際之作戰指揮，本大隊前大隊長衣復恩亦親駐江灣負責疏運業務之策劃督導，各中隊長與副中隊長則經常輪流駐滬督導輸運工作之執行。

上海為我國之經濟中樞，亦為我國之最大貿易港口，其得失對國際之視聽與戡亂作戰之前進，影響至大。自徐州會戰失利，我陸軍部隊之精華以喪師過半，在南京保衛戰中所使用之部隊為我東南沿海地區所僅存之作戰力量，京滬區之幅員相當遼闊，在有限之兵力下實無以作全部堅守之計，故最後決心集中於滬濱，以圖與匪共以決勝負。蓋自徐州會戰失利，我全國軍民對戡亂作戰之前途已呈動搖之勢，加以李逆宗仁之媚匪求和，更助長此種情緒之蔓延，設不能獲致一決定性之勝利，則將無以重振此頹喪之士氣，以挽回戡亂作戰之必勝信心，故決心保衛大上海其意義實為深長。

匪軍於徐州會戰倖勝後，即傾巢南下直迫首都，一方運用匪諜之活動誘降江陰要塞守軍，同時復在京蕪之間強渡過江，我首都國軍已感腹背受敵，故即分向東西兩方撤退，匪軍亦乘機大舉渡江直迫滬郊。以匪我當時之態勢而論，以我絕對優勢之海空力量密切支援地面部隊，在火力之對比下，我方實有致勝之把握，然終以連續遭受挫敗之餘，民心渙散，士無鬥志，並以匪諜之滲

透與失敗主義之作祟，隨使整個戰局無法扭轉而重蹈失敗之途。

以當時之情況判斷，我軍之作戰指導當屬誘敵至滬郊，以配合我海軍之火力發揚而進行決戰，故我之作戰部署，在右翼方面以沿江一帶為重心以配合我海軍砲火之聯合運用，爭取火力之優勢；在我左翼則較為突出，而以空軍之密接支援以爭取戰場之絕對優勢。在戰役之初期，我 B-24 對匪之補給線大施破壞之後，由於戰況之演變，我全部作戰飛機均用以擔任第一線之密接支援工作，唯在軍人渙散之情況下，我空軍復受夜間作戰之諸多限制，故匪軍隨得以利用夜間逐次向滬郊進逼。迄江灣機場進入匪砲兵射程之內而遭受匪砲之攻擊後，我駐滬郊之空軍部隊乃全部轉進至定海與台灣，此後我作戰機種雖仍以定海為基地不斷支援第一線作戰，但終因大勢已去，於三十八年五月即行有計劃之撤離。

在此次會戰中，匪軍依然運用其一貫之人海戰術為其作戰之基本戰鬥方式，加以利用其勝利之心理而遂行無情之緊迫攻擊，而迫使我軍無法恢復因失敗而造成之疲憊與驚恐心理，並利用匪諜之活動與欺騙、宣傳諸手段以打擊我民心士氣，而遂行其瓦解我戰鬥意志之目的，而我軍在此次會戰中本可利用海空軍之絕對優勢而贏得會戰之勝利，唯在戰意消沉之情況下，勝利信心即已喪失，亦唯有接受失敗之結果。

窮追緊打為匪軍此次致勝之主要因素，在作戰中亦唯有乘敵立足未穩之際，予以無情攻擊，不容其有喘息之機會，而迫使其自行崩潰與瓦解，過去我軍對匪作戰致勝後之未能獲得輝煌戰果，其主因既在於此。他如匪諜之運用、情報宣傳、欺騙行動之良好配合，其在作戰中之價值亦難以估計，在今後對匪軍作戰中必須要加以特別注意。

● 林冠群

作戰時級職：空軍第十大隊第一〇四中隊中校中隊長
撰寫時級職：空投連絡中心上校連絡官

作戰地區：陳官莊、太原
作戰起訖日期：37 年

徐蚌、太原戰役

　　科學的進步，已使今日步入原子時代，今後的戰爭，亦因飛彈與人造衛星之發展，整個為之改觀。現代空軍戰略與戰術之研究，固屬吾人當前之急務，然檢討已往對匪作戰之經驗，藉供今後反攻殲匪之參考，誠亦目前重要之課題。溯自投效空軍經達廿餘載，抗日與剿匪戡亂期間，尤其後者，幾無役不與，服行空運、空投、偵炸、運兵諸任務，現擇一、二較有價值者，為民國卅七年徐蚌會戰，時擔任輸送陳官莊友軍部隊緊急軍品任務，及太原保衛戰一役運兵增援任務，均在匪砲猛烈轟擊下達成之，追憶其經過，猶歷歷如昨，謹就服行前述任務所得，分陳如次。

一、民卅七年徐蚌會戰劇緊之際，本軍奉命送捕陳官莊友軍部隊急需軍品，該地原無機場設施，僅一友軍利用卡車滾壓農田築成之南北向跑道，長度勉約二百公尺，跑道南端離匪較遠，常受匪砲轟擊，飛機起落受其危害至大，安全堪虞，惟該項緊急軍品，奉命必須空運送達。是時空軍第十大隊第一〇四中隊正由本人負責，此類艱鉅任務，未敢委之於人，緣乃親自執行。憶及是日自駕 C-47 機一架，載運該批緊急軍

品，甫抵目標上空，俯見跑道南端匪軍砲火密集，而當時風屬北向，倘依常規由南向北逆風降落，勢必為匪砲火攻擊受害，是故為顧及機全人安，使所運軍品確保送達友軍計，經作斷然處置，出敵無意，採五千尺之高度，由南向北作一三角形之急劇下降，自北朝南順風落地，並即滑停南面急卸軍品，為時未及五分鐘，就聞匪砲隆隆，彈如雨下，雖未直接命中，但破片已傷及機身，俄頃軍品卸竣，乃緊急起飛返防，安全達成任務，未為所害。

二、太原保衛戰轉緊之時，本人奉命率 C-47 機八架駐防西安，擔任榆林、太原間空運友軍一個步兵團支援太原守軍任務，時太原北面機場已為匪砲火所及，飛機起降多遭攻擊而受威脅，然以該項兵運任務重要，勢非排除萬難達成不可，當經規定參與是役飛機人員，未降落前應儘量勿暴露降落意圖，落地後，尤須作不規則之停放，全機人員，應以最迅速之動作協助友軍卸下軍品人員，俾能儘速起飛返防，以避免匪砲火之損害。任務執行及半，機場轉即全為匪砲控制，不能續加利用，飛機改以太原城西之公路起降，飛行安全，顧慮增多，任務更形複雜艱鉅，因即要求所有工作同人，任勞任怨，時加戒慎，發揮高度技術，竭盡所能擔負此一任務，幸賴同仁同心協力，奮不顧身，完成所賦之使命。

　　基於上述兩役所服行任務之經驗，足證我空軍空運人員服行作戰任務時，首須詳研敵情，預擬執行方案腹稿，再則當機立斷，臨危不亂，果如斯，縱非百戰百勝，亦不致有辱使命之慮也。際值原子時代，空軍今後之作戰，自應配合時代運用，以求

克敵致勝。前述之經驗與技術，固不足重視，然牽涉作戰之基本要素，當亦不無可作參考之處，願與同仁共勉之。

● 劉秉宇

作戰時級職：空軍第十大隊第一〇四中隊
少校副中隊長
撰寫時級職：空軍指揮參謀學校中校教官

作戰地區：山西太原
作戰起訖日期：37 年 10 月至 11 月

太原保衛戰役

一、概述

　　本部為空軍第十大隊所屬之第一〇四中隊，大隊長衣復恩上校（現少將），本中隊中隊長林冠群中校（現上校），本人為副中隊長。三十七年十月奉命率領本中隊之 C-47 運輸機八架暨本大隊一〇二中隊之同型機四架，共十二架駐防西安，由空軍第四軍區司令徐煥昇上校（現為中將）指揮參加太原保衛戰，負責由榆林空運胡宗南部隊一師至太原，以增強太原之守軍兵力。

二、作戰前之狀況

　　太原被圍且危在旦夕，當局為確保太原，乃迅即調派胡宗南所轄一個師之兵力，由榆林空運太原，藉以增加太原保衛實力。時太原附近城鎮大半均告陷落，太原近郊之東山亦落匪手，踞高臨下確佔優勢，僅太原及南北機場與太原西邊之小盆地尚在我手，匪無空軍而我空軍之基地在匪東山砲兵之俯瞰有效射擊下，飛機無法在南北機場著陸，致運送兵員至太原發生阻礙。

三、我軍作戰指導

軍區徐司令召本人面試謂：「太原機場雖遭東山匪砲威脅，然仍需服行此運兵任務」，本人鑒於司令決心不顧匪砲而強行著陸達成運兵任務，乃召集全體飛行人員轉達司令決心，並另指定專機一架滿載小炸彈，俟運兵各機到達太原著陸時，該專機即在東山上空巡迴投彈，使其不敢發砲，以讓我運兵各機安心著陸，以達成任務。其餘各運兵機各載八大桶汽油先至榆林卸下，作爾後加油之用，各機由榆林至太原少裝油，每機裝載全付裝備兵員二十二員及預備彈藥、麵粉等全載重，俟到達太原後，再由本人臨時斟酌匪情而降落，每機由榆林運兵兩次至太原後可返西安。

四、作戰經過

按預定計劃，除以一架載彈作東山上空制壓攻擊外，其餘妥善機八架由本人率領先至榆林卸下各機汽油，再裝兵員飛至太原，本人令各機空中待命，由本人先行試降於北機場之滑行道上，因滑行道緊靠東山山麓，隱蔽匪砲視線而跑道較此曝露，由逆風降陸，不關閉發動機調頭作順風起機姿態，兵員即行躍下飛機，俟下完後即行順風起飛，斯時制壓之另一機亦在東山上空巡迴投彈，確收制壓之效。本人在太原起飛後，即令各機作同樣之著陸，是日每機運送兩次，任務達成。次日仍由本人領先作同樣之運輸，孰料最後一架因鑒於東山匪砲射擊較烈，故臨時命其改降在新築之簡單土跑道所謂西機場上，亦作同樣之順風起飛，當兵員將下完時，該機左輪中一匪砲，駕駛員即行起飛，因左右高度不等致機向左偏，衝入土山上撞燬，幸人員安全，駕駛員為韋哲權。是日因匪砲激烈，其他各機僅運一次，本人即囑機燬之駕駛員次日仍至北機場乘本人飛機返西安，機械人員則仍留原場拆

卸發動機，以備運回。經數日之運送，援兵確已大增，我機除一架損毀外，其他安全。

約一星期後，太原西機場之西又臨時築一土跑道，距東山匪砲較遠，危害較少，但跑道高低不平，土質鬆軟，長度無富裕，本人鑒於機會難得且太原急需援兵，乃建議徐司令轉告陸軍部隊兵員輕裝乘機，少帶彈藥，不帶糧秣，在匪砲尚不能危害新西機場前，每機每日運送三次，每次每機可載三十九員，迅即運完人員，所餘彈藥及糧秣俟兵員運完後，如新西機場在遭匪砲危害則可空投，不需著陸運送。蒙徐司令面允，故以後每日晨五時即起機，隨帶乾糧運送三次，至午後十九時許各機始返西安防地，如此連續約一週，每日均由本人領隊先頭試航，除孫以晨所駕之機因跑道過短而速度稍大，致衝出跑道機毀人安，餘均能按計劃達成任務。前後運兵約廿日，南京隊部派隊附康文郁來西安替換本人，次日即由康領隊，晨五時起飛後本人在塔台呼叫，第二、三機均已回答而長機始終未回答，本人即駕車至跑道頭，巡查時發現該長機墮地起火，機毀人亡，正副駕駛及通信員與隨機機械士一名均殉難，當時霧大乃命停飛以策安全，本人因之不能返回南京，仍繼續每日領隊至運完為止。

五、戰鬥後狀況

此次運兵共計損毀 C-47 運輸機三架，人員四人死亡，由榆林運至太原陸軍一個師，對保衛太原確已增強實力，任務圓滿達成。

六、檢討

太原保衛戰役中，匪我眾寡懸殊，故匪在戰術方面，極積狠

打，夜以繼日的不停，企圖一鼓而攻下太原，結果雖空運援兵亦不經連日戰鬥消耗過大，未幾即告不守，因之有五百完人之壯烈殉難。

此戰役實因山川阻隔運輸困難，而致援兵不濟乃告不守，然我五百完人感於領袖的偉大精神感召，堅不與匪兩立，此種精神予匪心理戰方面以極大打擊。

● 尹世銳

作戰時級職：空軍第十大隊
撰寫時級職：國防大學校上校學員

　　余由美受訓歸國後即奉調至空運部隊服務，正式參與剿匪作戰。追自民三十四年開始以迄於今，由於空運部隊之任務性質，多係空運空降部隊至接戰區域或空運軍隊至前進基地，或則擔任對於其他無法獲得補給品之軍隊服行空投糧秣彈藥等任務，因此鮮少與匪直接發生戰鬥，但雖云空運部隊之任務性質不同，然就十數年剿匪之過程中，就經驗所得，對空運空降及空投補給之價值而言，或不無小補。

　　溯自剿匪作戰期間，當時匪方尚無空權可言，匪之主力可說全係致力於地面部隊，由於匪方慣於施展鬼域伎倆，不斷以斷襲方式或割裂我之地面部隊，故當時空運部隊所擔任之任務多為空投補給支援作戰，必我方能適時獲得補給以增戰力。惟檢討當時空投任務之得失，無庸諱言，過去所有之空投補給所得之結果，並不圓滿，考究其因，固然空運本身之錯誤及裝備多未詳實研究改進，但主要原因，仍係對匪認識不夠所致，茲略舉匪之慣技數端，以為研究參考之改進：

一、匪慣於流竄山地，造成地勢之利，使我掃蕩困難，補給不易
　　例陝北綏德之役，該處山高四千尺，城位於山腰之一平原
　　上，而空投場則設於山谷底下之狹長河灘上，其週圍山勢高
　　聳，匪即竄匿於山區各處，在地勢上我方空投即已感困難，
　　加之匪方有高射機槍之射擊，不能俯衝空投，因之空投成績
　　極差。

二、空投警戒力量不足，每易為匪乘機掠奪

由於空投場地之地勢影響，以及地面通信設備不良，守軍不夠警覺，同時空投場每易為匪發覺，故補給品到達地面後，即為匪所窺伺，終而大半被其掠奪。

三、匪防情資料供給不確

過去請求空中補給之地面部隊多忽略詳細調查匪方高射火力之種類、性能，及配置地區等之情報供給空軍部隊，甚有將過期及不確之情報供給者，而更有隱蔽實情謊報該地無防空火力者，例蘇北碾莊之役，當時所得情報為無敵防空火力，但當到達目標上空，第一次進入即遭匪高射機槍猛烈之攻擊。此外長春空投之役，因匪已擁有日本關東軍留下之高射砲及射擊手，此類均未先期確實獲得匪情資料，故空投任務多有損失。

四、防諜保密太差

匪慣滲透鬼計，多方利用匪諜，因之我方軍情反被洞悉無遺，由是我軍一舉一動均被匪軍早被對策，此實為任務不能圓滿達成最大之漏洞。

綜上數點，可見任務之未臻理想，主要還在對匪認識之不清，過去制空權尚握諸我方之手，今日則匪已早認識制空權之重要，且空中及地面火力已日益加強，如我今後反攻大陸欲實行空投補給時，再不將過去之缺點研討改正，則對未來整個戰局及全盤計劃，實有莫大之影響。

第二十大隊

● **汪治隆**
作戰時級職：空軍第二十大隊中校大隊長
撰寫時級職：國防會議祕書長辦公室上校一級祕書主任

作戰地區：魯南、魯東、陝北等地區
作戰起訖日期：36 年 7 月至 11 月

一、概述

1. 部隊

空軍空運第二十大隊係於三十五年春由空軍轟炸第二大隊
改編，抗戰其中空軍第二大隊所屬第六、九、十一、卅，
四個中隊擔任作戰任務，從未中斷。至卅三年決定全部改
編為美 B-25 式輕轟炸中隊，先以第九隊赴印度卡拉齊接
受訓練，並接收第一批 B-25 機，其餘各隊則於卅四年赴
美訓練，第九中隊於卅四年春接機回國，駐雲南陸良，擔
任湘桂區抗日作戰。余於卅四年五月由第一大隊副大隊長
職調任第二大隊副大隊長，代理大隊長職務，指揮第九
中隊之作戰。不數月，抗日戰爭結束，而匪軍之叛亂已
露端倪。於卅五年二月，第九中隊調赴西安改隸空軍第一
大隊，歸空軍第三軍區指揮，擔任陝北方面戡亂作戰，而
以空軍第一大隊之第二中隊與之對調，因此時在美受訓之
二大隊主力已改受 C-46 運輸機訓練，而第一大隊之第二
中隊已在國內完成 C-46 機飛行訓練並已接受飛機矣。於
是空軍總部乃決定將空軍第二大隊改編為空軍空運第二十

大隊，轄第二、六、十一、卅，四個中隊，駐上海江灣機場，由空軍總部直接指揮，余亦奉命升任為大隊長。民卅五年冬季前僅第二中隊已逐次完成飛行訓練並已擔任一般空運任務，及濟南外圍戡亂作戰之空中補給任務，其餘三個中隊至卅五年秋始由美返國，在上海開始接收美軍遺置之 C-46 運輸機。

2. 裝備

空運第二十大隊全部為 C-46 式運輸機，該機載重為壹萬磅，機員五人，為第二次大戰末期之優良軍事運輸機，美軍飛越駝峰以接濟中國戰場軍品即以此種飛機為主力。戰爭結束，各地美軍爭先復員，皆以此種飛機將人員飛送上海，然後返國，故將大批 C-46 機約百數十架遺置上海江灣機場交中國空軍接管，其中除第二中隊先接收約廿架及第一空運大隊之第一中隊接約廿架開始運用外，其餘至卅五年冬始由二十大隊其餘三個中隊（自美返國）接收，每中隊編制飛機十六架，預備機四架，計二十架。此時該批飛機已放置地面年餘，機內設備已不完全，重要儀器皆有遺失損毀，至本大隊接收時，須逐架檢修試飛，故自卅五年十月至卅六年一月約四個月工夫始將第六、十一、卅，三個中隊裝備完成，但所需維護補充之器材則感十分缺乏，此種缺乏，在爾後作戰時蒙受最嚴重之影響。

3. 人員與訓練

當時空運中隊之編制，包括地勤人員約二百廿人，飛行駕駛人員約四十五人，由美返國各中隊已完成 C-46 機訓練者每隊僅二十人，一方面須接收飛機，實施部隊作戰訓練，同時須實施見習官之 C-46 機駕駛訓練，且因機場限

制，只能各隊分別輪流實施單機教練，故進度甚緩。而有
關空中運輸之部隊訓練與特種作業訓練，因既無現成教材
又無實際經驗，僅能就當時第二中隊在實施任務中所發生
困難作為教訓，實行必要之訓練。至卅六年春，因須擔任
一般空運任務，乃藉此實施長途飛行與盲目飛行等訓練。
至卅六年夏，因作戰需要而勉強擔任作戰勤務時，無論就
裝備、訓練各方面言，該大隊尚未完成戰備。

二、一般狀況

自卅四年抗日戰爭勝利以後，我政府即積極準備復員，從事
和平建國之大業，而朱毛匪徒則積極從事其陰謀破壞，擴張其力
量以圖奪取政權，一方面運用惡毒的和平共存戰略與宣傳技巧實
施心理戰，破壞我政府威信，擾亂我社會安寧，打擊我軍民士
氣，一方面則利用美國與中立主義者進行和談，爭取時間擴充部
隊，從事其全面武裝叛亂的作戰準備。自卅五年五月起，匪軍為
策應其在東北的軍事行動，在熱河、察哈爾、河北、山東等省到
處破壞停戰協定，發動攻擊，公開從事武裝叛亂，我政府為委曲
求全，一再聽從美使調處，數次頒佈停戰令，徒然予匪黨以從容
準備之時機。直至卅六年七月政府不得已乃頒佈全面戡亂動員
令，於是在山東、陝北等地發生一連串之戡亂戰役，予匪軍以重
大的打擊。空軍空運第二十大隊在此各個戰役中無役不與，主要
任務為擔任空中補給與部隊運輸，此種任務直至余於卅六年十二
月調離該大隊時仍繼續執行。

三、作戰經過

於卅六年七月以前，空運二十大隊以擔任一般空中運輸為

主，同時加緊長途飛行與儀器飛行等訓練，至卅六年七月國軍實行全面戡亂，本大隊即奉命參加作戰，其經過因資料不全，不能就地面敵我狀況作詳細之記述，僅能就記憶作概要說明如左。

1. 南蔴戰役

（一）作戰日期：卅六年七月七日至卅六年八月底。

（二）作戰地區：魯南南蔴、坦埠、沂水、南蔣、五里莊、羊山集等地。

（三）大隊任務：空投補給陸軍第十一師。

（四）兵力：大隊主力約五十架 C-46 運輸機。

（五）出動情形：每架每天出動三至五次，每機載重 7500 磅，投送高度為一千呎以下，視地面及匪地面火力狀況而以最宜於投落之高度實施。

（六）效果：每天空投糧彈皆有百分之八十五以上投入空投場。

（七）損傷：因當時匪無空軍，故毫無空中顧慮，除少數飛機因投高過低受匪地面火力擊傷外，無其他損失與失事。

2. 西安外圍戰役

（一）作戰日期：卅六年九月。

（二）大隊任務：空運第六十五師增援西安。

（三）起訖地點：一部由漢口空運西安，主力由鄭州空運西安。

（四）使用兵力：C-46 空運機約卅架。

（五）運輸情形：每機每日輸送一至三次，每機裝運步兵最多六十四人（包括個人裝備），如連部隊行李則僅裝載四十五人，全師於六天輸送完畢，無損傷與失事事件。

3. 膠東戰役

（一）日期：卅六年十月至十一月。

（二）作戰地區：魯東范家集、官莊一帶。

（三）大隊任務：空投補給陸軍第六十四師。

（四）使用兵力：C-46 運輸機約廿架。

（五）空投情形：每機每日出動三至六次，其他情形如前述，飛機亦無損失。

4. 榆林戰役

（一）日期：卅六年十一月。

（二）作戰地區：榆林及榆林外圍。

（三）大隊任務：空投榆林守軍及榆林解圍後之進擊部隊。

四、檢討

　　空軍二十大隊在上述諸役中皆係擔任空投補給與空運陸軍部隊任務，故無須就每次作戰詳細研究，茲就空中投糧投彈及空運部隊兩大工作，作綜合之檢討。

　　就一般情形而論，空運二十大隊在訓練、裝備皆未十分完善之際，突然奉命擔任此種大規模之空運空投工作，皆能圓滿達成任務，且至卅六年十一月底止，無一架飛機失事，無一名官兵死傷，不能不歸功於當時高昂之士氣，而各空中勤務人員冒盛夏炎暑不顧天候地形等等困難，每日出動三至五次，尤以在山區地帶作低空或超低空之飛行，儘可能使糧彈能投入友軍之空投場中，此種冒險精神與合作熱忱，今日回憶仍令人肅然起敬讚佩不已。

　　其次，因當時匪無空軍力量，一切空中行動皆無敵軍顧慮，故在戰術方面如何取得制空權，如何與戰鬥機部隊聯合行動以獲得空中掩護，如何決定空投時機等皆無可檢討，僅就一般情形及

裝備與技術方面報告如左。

1. 優點

（1）空勤人員士氣高漲，工作努力，能刻苦耐勞與友軍合作。

（2）陸軍部隊與後勤部隊能虛心接受空軍方面之要求，能依照空軍規定行動。

（3）陸空連絡確實，在各次空投勤務中，甚少發生不能發現空投場之情況。

2. 缺點

（1）空運部隊缺乏空投物資與空運陸軍部隊之專業訓練，實施任務時對裝卸等技術常發生困難或浪費時間。

（2）參謀人員因缺乏訓練與經驗，對飛機之運用計劃不能確切，不能作最有效的運用兵力。

（3）空軍基地缺乏特種裝載設備，往往因裝載費時而影響每日空投噸數。

（4）空軍基地設施如營房、加油工作與勤務員兵等皆不能適應大規模空運任務之實施，地面勤務能力之不足限制空中部隊能力之充分發揮。

（5）一個基地同時有兩個大隊使用時，缺乏統一指揮，使部隊間易生爭執。

（6）陸軍後勤機關對空投糧彈之包裝方法缺乏研究，常發生空中散開或落地破散等缺點。

（7）執行空中投糧彈之兵員，缺乏專門訓練，每次投下時間過長，影響每日空投噸數。

（8）陸軍部隊平時缺乏空中運輸之訓練，如何使其裝備便於裝卸毫無研究，空軍亦對此無特別之設施。

3. 教訓

 （1）作戰任務之實施，有賴平時周密之準備與良好的訓練，對特殊情況之特種需要，務於平時多加研究，妥為準備，方能於必要時應付裕如，空軍空運大隊在戡亂作戰中所擔任之空中補給與空中運兵工作，因平時無此準備與訓練，致臨事困難多端，幸賴官兵士氣高漲，努力克服各種難題，終能達成任務，但就事論，如事前對此多有準備，當更多成效也。

 （2）可靠之後方補給勤務為地面作戰不可或缺之因素，於作戰計劃實須視為重要考慮之條件，空中補給雖為一種手段，但應視為緊急手段，不可依賴空中補給為主要的、經常的補給方法，須知空中補給易受天候地形及敵人空中力干擾之限制，而其補給能量尤不能與地面輸送能量相比擬，此種空軍之特性，負責計劃作戰之三軍將領須謹記之。

 （3）統一指揮為戰爭原則之一，此原則在陸空兩軍聯合行動之際尤為重要，戡亂戰爭中，就空投或空運任務實施言，關於陸軍後勤部隊與空中運輸部隊間以及同時活動在一個基地之兩個空運部隊間，皆須組織臨時統一指揮機構，方能圓滿達任務，否則易生糾紛，影響任務之順利實施。

五、建議

 今後反攻大陸作戰必然為一種攻勢的機動作戰，實施空中緊急補給或空運作戰部隊之時機必多，而匪我空軍力量對比遠非卅六年時代之狀態，故今後關於空中補給與空中運兵之戰術技術問題，務須加緊研究，求其發展，下述數端以為至為重要。

1. 研究發展空投物資之裝載技術與工具，對物資包裝方法、包

袋色彩、降落傘色彩等技術問題須考慮大陸作戰地區之地形地性等妥為設計，不可等待將來臨時湊合。

2. 因匪空軍力量已日益增，戰鬥地區能否獲得制空權無確切把握，故對由戰鬥機掩護運輸機實施空中補給之戰術須加緊研究並舉行演習。

3. 因不得已而須實施夜間空投空運之可能性甚大，故對夜間空投技術如陸空連絡空投場所之標示及物資包袋易於尋獲等問題皆須研究發展。

4. 對第一線作戰部隊之空投，補給不如使用直升機有效，故組織直升機部隊並以直升機為空中補給方法之研究與試驗皆須現在積極進行。

5. 陸軍部隊須加緊空中運輸訓練，陸軍裝備如何適應空中輸送須配合空軍裝卸設備之研究發展，力求發展並實施訓練。

● 宋樹中
作戰時級職：空軍第二十大隊作戰課中校課長
撰寫時級職：空軍第三聯隊上校副聯隊長

作戰地區：太原

作戰起迄日期：37 年 7 月

太原戰役

一、概述

　　卅七年七月太原告急向中央求救，決定由西安運兵至太原，空軍第三軍區指揮駐西安空軍部隊支援太原方面之作戰，空軍第二大隊奉命派 C-46 廿架以上進駐西安擔任運兵任務。

　　當時空運大隊編制員額約千五百人，飛機六十四架，實有則在八十架左右。

二、作戰經過

　　卅七年七月十八日奉大隊長楊榮志中校之命，率領 C-46 二十架飛西安向第三軍區徐司令報到，由西安運兵至太原，由太原運傷兵至西安，連續運輸兩周左右，太原局勢曾穩定一段時間。

三、經驗與教訓

　　運輸一師之部隊需要運兵機架次非常浩大，今後裝備加強運輸一個師絕非空運一、二兩大隊所能擔任，否則需時較長，無法適應緊急情況，為配合反攻準備，空運部隊有擴充之必要，此問題應由陸軍主官提出需求計劃，促請美顧問協助解決之。

● 宋樹中

作戰時級職：空軍第二十大隊作戰課中校課長
撰寫時級職：空軍第三聯隊上校副聯隊長

作戰地區：錦州

作戰起迄日期：37 年 9 月至 10 月

瀋陽戰役

一、概述

　　卅七年九月為加強瀋陽之防衛，激起東北匪軍之攻勢行動，企圖切斷瀋陽、錦州間之連繫，故瀋陽保衛戰於焉發生。

　　空軍為協同該方面之作戰，空軍第二十大隊由本人率領 C-46 二十架與空軍第十大隊楊道古中校所率之 C-46 廿架進駐瀋陽，向第一軍區吳司令報到，擔任瀋陽至錦州間之運輸，其主要任務為運兵至錦州準備攻擊匪軍側背，以解瀋陽所受之威脅。

　　當時大隊編制人員約千五百餘人，飛機六十四架。

二、作戰經過

　　卅七年九月廿七日率領 C-46 二十架抵瀋後，向楊中校研討計劃運輸架次，翌日開始運兵。共匪知我企圖，乃利用錦州機場周圍砲兵向機場射擊，致運兵任務大受阻礙，僅三天後錦州機場無法降落飛機，運兵任務中斷，爾後瀋陽局勢逆轉終至難保。

三、經驗與教訓

　　當時集中待運部隊約一團之眾，待運部隊及瀋陽機場基地勤

務人員對運兵勤務之作業準備均欠熟練，致翌日難以順利進行。錦州機場原有部隊為數有限，無法保機場週邊之安全，致 C-46 空運機無法迴避地面砲火強行降落。事後據聞我作戰計劃共匪完全明瞭，故其部署使我無法按計劃執行，因此錦州不保、瀋陽危急，此意中事也。

● 宋樹中
作戰時級職：空軍第二十大隊作戰課中校課長
撰寫時級職：空軍第三聯隊上校副聯隊長

作戰地區：南京、徐州一帶

作戰起迄日期：37 年 11 月至 12 月

徐蚌戰役

一、概述

　　卅七年十一月黃伯韜兵團碾莊被圍後，徐州告急，致徐蚌大會戰發生，奉命率領 C-46 卅餘架進駐南京向空軍總部第三署報到，擔任徐蚌一帶對地面部隊空投補給及徐州方面之緊急運輸。當時空運大隊轄四個中隊，每中隊 C-46 機十六架，共計六十四架，經常保有飛機在八十架左右。

二、作戰經過

　　駐南京 C-46 機連十大隊在內近百架，集中力量原擬挽回徐蚌頹勢，故每日出動空投飛機數十架次，其目標為碾莊、蚌埠等地，最後始擔任徐蚌之撤退，迄翌年一月徐州態勢逆轉，變為南京保衛戰，我空運部隊始移上海為基地，徐蚌會戰至此結束。

三、經驗與教訓

　　當時參加徐蚌會戰，覺作戰計劃目標不一，飛機出動並非策應某部隊之行動，步驟混亂，徒消耗空軍兵力。自到台灣來日在研究聯合作戰，今後當不致再如過去之混亂，對空軍兵力作無價值之使用。

● **毛尚貞**
作戰時級職：空軍第二十大隊第二中隊少校中隊長
撰寫時級職：空軍第六基勤大隊飛行上校大隊長

作戰地區：徐蚌地區

作戰起訖日期：37 年 11 月至 38 年 1 月 16 日

徐州戰役

　　抗日戰事勝利後，共匪乘機作亂，於是戡亂戰事起矣，斯時余服役於空軍空運部隊，任中隊長職，雖曾參與歷次戰役，然非自始至終參與整個戰役，皆為間斷性之參與，對整個戰役之經過知之不多，且目前手頭又乏可供參考之資料，故欲詳為敘述分析實屬困難，僅就記憶所及，概述徐蚌會戰之雙堆集之役。

　　黃維兵團由湖北馳援徐蚌，一路由空軍掩護進軍，至雙堆集後被匪包圍，終至全軍被消滅，此役中，余曾先後參與空投任務，僅就空中所見分析得失。

一、共匪之優點
（一）行軍迅速，數日即合圍。
（二）構築工事迅速確實，一夜之間工事如蛛網之密佈，且因其工事之確實，受我空軍轟炸之損害不大。
（三）迅速緊縮包圍網，使我大兵團無法展開作戰，固守於一隅。

二、我之缺點
（一）行動遲緩，尾大不調。

（二）缺乏決心，如包圍之初，決心突圍，可能遭遇損失較輕。

（三）構築工事速度太慢，外線與內線之工事進度相差懸殊。

（四）依賴空軍心理太重，天氣良好，空軍活動頻繁之日，陣地變化較小，但天氣惡劣空軍無法活動時，陣地即起重大變化。

（五）後勤支援不夠，被圍僅數日即需空投，表明該兵團後勤業務太差。

三、改進意見

（一）加強行軍訓練，更須著重夜行軍與山地河川行軍訓練。

（二）指揮官應早下決心，形勢逆轉時，寧可犧牲小部分，不可存僥倖保存實力之心。

（三）迅速完成陣地之簡易工事及交通壕等，為步兵與工兵之主要工作。

（四）現代戰爭雖講求聯合作戰，但目前我空軍實力有限，平時訓練應加強空軍直接支援之狀態下作戰訓練。

（五）加強後勤機構確實做到「後勤為先」之訓示。

● **楊履祥**

作戰時級職：空軍第二十大隊第六中隊中隊長
撰寫時級職：空軍第六聯隊上校副聯隊長

作戰起訖日期：36 年秋

作戰經過－空運（運兵空投）任務

　　三十五年秋入空軍參校六期，三十六年秋卒業後開始調入空軍二十大隊任第六中隊中隊長，使用 C-46 機十六架，擔任華中一帶之空運任務，曾服行臨汾撤運、西安徐州及濟南徐州間之運兵，以及晉南解縣、陝北榆林、魯西濟寧等之空投彈藥、棉服、糧秣等空投任務，計共三十四架次任務。

● 　陳大科
作戰時級職：空軍第二十大隊第六中隊少校副中隊長
撰寫時級職：空軍第六聯隊上校附員

作戰地區：太原地區、徐蚌區

作戰起訖日期：37 年 11 月至 12 月

太原、徐蚌兩戰役

第一、太原戰役經驗教訓

一、概述

　　卅七年冬季戡亂軍事自東北作戰失利以後，華北、西北的戰事受戰略直接或間接的影響，整個局勢均在逆轉中，扼守西北的戰略據點——西安及太原在軍力的對比上已經失了優勢，不僅不能發動有效的攻擊，而在局勢上亦趨惡化，地面部隊被匪軍逐次包圍消滅。自十一月中旬開始，太原城被困，周邊區離城垣不及十公里，匪砲已能控制城區，原有機場二處亦已被匪砲轟擊，閻司令官長已發佈命令守軍與太原共存亡，孤軍重圍，已是等待肉搏戰的來臨。

二、作戰經過

　　太原城淪陷已時間問題，最高統帥為期能於失陷之前搶運重要人員及物資，特密令閻長官在城西五公里山地中開闢「紅溝」機場（太原第三機場），晝夜加工，於十一月廿五日完成，同時我空軍第三路司令部奉到電令派機執行此一緊急搶運任務。是時余適率領空軍第六中隊駐防西安，當即接奉徐司令煥昇密令，於

廿六日清晨開始搶運，余感任務艱巨，徹夜計劃，以期能圓滿達成使命。蓋因「紅溝」機場係緊急祕密開闢，地形障礙不安全，匪砲又威脅，可能降落以後被迫不能起飛，故余佈置部署以後，決心自己先行降落，抱有「不入虎穴焉得虎子」之精神去執行此一任務。

該（廿六）日西北天氣巧遇高氣壓區，晴空碧朗，萬里無雲，本隊 C46 機能出動者十二架，三架一組，分四組起飛，規定每隔一小時出動一組（因機場僅能停機三架），如第一組被迫不能起飛時，則第二組切勿降落。余駕 C46 213 號機一馬當先於拂曉起飛，二小時以後安全降落紅溝機場，即指揮所部會同原有空軍場站人員迅速裝載緊急疏運，在此危急戰場工作六小時，幸好匪砲轟擊未中我要害，得以順利完成撤運十二架次之重要人員及物資。翌廿七日因下大雪飛機不能出動，廿八日該機場即被匪砲轟擊不能使用矣。

三、經驗教訓

現今回憶參加此一戰役有下列三點感想：

（一）最高統帥的明智與決斷

在此戰況絕望中，關懷到重要人員的存亡決心搶運，否則今日「紀念太原五百完人」恐不至此數矣，而搭乘此次撤運飛機來台之首要諸公，亦不復念及此一義舉係操在一位空軍少校之冒險犯難精神所促成。

（二）戰區司令的重視與空軍人員的合作

在執行此任務之前夜，徐司令煥昇特別打電話給我：「明天太原撤運是領袖的命令，你要澈底執行並要細心安全，出動支援我已交代清楚」。果然西安基地及太原留

守人員在此次任務中，均以最高熱誠盡至最大的支援與
合作，所以締認到成敗因素有賴於指揮官的決心與業務
的協調。

（三）現代戰爭與機械化

太原「紅溝」機場的開闢僅有三天工夫便可以完成，歸
功於機械工程裝備的助力，當時看到有推土機、滾壓機
工作，這種認識將來反攻大陸時，不可忽略運用。

第二、徐蚌會戰經驗教訓

一、概述

戡亂戰事繼東北及華北之戰局失利，於卅七年十二月中旬在
徐州地區又形成一個匪我主力會戰，為了選擇地形與兵力運用，
戰場的演變由徐州東北迤延至徐蚌地區，使我邱清泉兵團與黃伯
韜兵團匯合主力，期將來犯之匪擊滅於京畿之外，確保我首都
──南京之安全。但以指揮兵力未能配合，前後分離，被匪各別
擊破，而我邱清泉兵團突於十二月廿二日被圍於「陳官莊」地
區，幾經決戰未能突圍，糧彈告盡，請求空投，我空軍王副總司
令叔銘為使空軍兵力統一指揮配合運用，特在南京大校場臨時組
成空軍前線指揮所協力作戰。余於十二月十九日奉派駐南京擔任
空運廿大隊前線指揮官任務，幸得參加此一戰役。

二、作戰經過

邱兵團於十二月廿二日被圍於「陳官莊」地區，適逢天候惡
劣，我空運機奉命空頭糧彈均冒惡劣天氣及匪砲威脅而執行，廿
三日情況尤為惡劣，地面部隊電請空投急如雪片飛來，民航機均
不能達成任務，余感於「養兵千日用兵一時」之教言，親率 C46

機八架冒險低飛空投，達成任務並獲得地面電報空投成果良好，但檢查所部飛機中彈累累，尤以余座機 C46 057 號中彈 32 發。王副總司令將此情況報告總統，備受嘉勉，並於廿五日——復興節夜賜宴於黃埔路官邸，此一榮幸請柬，現今尚保存紀念。

三、經驗教訓

　　追憶前歷，深感此次會戰給我人之教訓：

（一）空運機在戰術上之運用

　　　　地面部隊在戰場上不論攻防，必須有足夠之補給才能發揮威力，而在時間與速率上，空運機是補給最快的手段，故目前戰爭的形態，仍不脫此範疇。

（二）後勤支援賴於平時的準備

　　　　十年前徐蚌會戰空投物品包裝均未講求，如投給陳官莊之糧時，是臨時煮饅頭燒餅，用麻布袋包裝投下，飛機上投下方法用人力逐包推下，是以不準不確，投下物品亦易損壞，收效甚微，此均賴於平時之準備與設計。

● 宋樹中

作戰時級職：空軍第二大隊第十一中隊少校中隊長
撰寫時級職：空軍第三聯隊上校副聯隊長

作戰地區：魯南一帶

作戰起訖日期：36 年 7 月至 9 月

南蔴戰役

一、概述

　　卅六年七月初，魯南一帶洪水氾濫，共匪認為有機可乘，乃發動騷擾之攻勢行動，致南蔴一帶我地面部隊補給供應大受阻礙，南蔴戰役因此發生。

　　南蔴地區屬空軍第四軍區作戰活動範圍，凡進駐徐州、濟南空軍部隊均須受其指揮。七月七日奉大隊長汪治隆少校之命令，率領 C-46 十六架自上海巡飛徐州向羅司令報到。當時一個中隊裝備 C-46 十六架，保有飛機則有廿二架以上，編制人員四百廿人，空勤人員為編額飛機十六組外再加三分之一數。

二、作戰前之狀況

　　抗戰勝利，百廢待舉，對共匪竄亂民情沸騰，勢須戡亂，共匪因利用抗戰時機，一分抗日，兩分應付，七分培養，其軍力逐漸龐大，故全國各地均成戰地，政府處境頗為困難。

三、作戰經過

　　C-46 機進駐徐州，其主要任務為擔任南蔴附近對陸軍第十

一師之空投補給。七　月七日飛機落地後不久即開始出動，迄八月五日止，每機出動三次、五次不等，每日空投米麵共計在二百噸左右。

四、檢討

    1. 經驗與教訓

      南蔴地區不大，又係山區，實施空投空地連絡困難，C-46 機不適空投糧食，故當時常有機尾及機身被擊壞。

    2. 改進意見

      為適應地面部隊因情況緊急必須空投補給，對地對空之通信裝備必須加強，空投對象以營以上之單位為宜。

● 宋樹中
作戰時級職：空軍第二大隊第十一中隊少校中隊長
撰寫時級職：空軍第三聯隊上校副聯隊長

作戰地區：榆林

作戰起迄日期：36 年 11 月至 12 月

榆林戰役

一、概述

　　卅六年冬西北各地匪軍到處蠢動，榆林守軍忽告危急，與外間斷絕連絡，榆林戰役因此發生。

　　空軍第三軍區為解救榆林守軍之圍窘，指揮駐西安空軍部隊協同該方面之作戰，空軍第二大隊奉命派機進駐擔任空投任務。空運中隊編制員額為四百廿五人，內空勤人員一百四十餘人，飛機按編制為十六架，但實有常在廿架以上。

二、作戰前之狀況

　　西北地區遼闊，防匪流竄處處薄弱，對匪作戰常難集中兵力，連繫協調頗為困難，匪兵力並不強大，但騷擾地方危害甚大，深以為苦。

三、作戰經過

　　卅六年十一月廿日率 C-46 一中隊進駐西安，輸送糧食至榆林空投，榆林守軍獲得糧食後士氣大振，圍城之匪軍無法犯城，不支而退，越三日榆林守軍追剿匪軍，我 C-46 機跟蹤空投互一

週,戰役結束。

四、經驗與教訓

　　榆林守軍係利用一操場接收空投物品,曾一度空援大餅,因包裝欠佳,離飛機後大餅散落,事後據聞有士兵因接大餅打斷手臂,在當時可能一時高興,但常識不夠及地面部隊未加管理,應引以為教訓。

● 章長庚

作戰時級職：空軍第二十大隊第十一中隊
**　　　　　　少校一級中隊長**
撰寫時級職：空軍航行管制大隊上校學員

剿匪心得

一、說明

　　我於民國廿七年二月在空軍官校畢業，即調成都轟炸總隊受訓，次年元月正式參加抗日的行列，當時因飛機數量有限，未能痛快地出擊。至卅三年，以補給情形益形困難，無法維持技術的水準，我就得到了一個難逢的機會，奉派赴美受訓，鞏固了我殺敵技能的基礎，在美兩年學會了 B-25、C-46 兩機之飛行技術。卅五年十月返國，被派在空軍二十大隊工作，擔任空運支援任務。卅六年到卅九年之間，曾服行南麻、雙堆集之空投補給，西安－徐州、安陽－徐州間之運兵，即濟南、徐州、南京、上海、成都、重慶等處支援撤離，及對大陸東南沿海各省空投傳單多次，僥倖圓滿達成任務，因我參加剿匪工作都是擔任空運支援，所以我的心得報告無法作有系統地敘述，特此謹註。

二、對匪之認識

　　八年抗日戰爭為中國有史以來民族生存、國運絕續之重要關頭，此一戰爭，戰地之廣、傷亡之重，實為有史以來所僅有，彼時日本帝國主義者挾其優勢之軍備與無限之野心發動侵略戰爭，本其一貫國策欲一舉而征服中國，稱雄東亞，爭霸全球，其處心積慮，自不能一言以蔽之也。幸賴領袖之英明領導，卒獲最後勝

利之晶英，在抗日戰爭中，朱毛匪幫表面上合作抵抗，實際上作分化坐大之勾當。待抗日勝利後，政府當局正圖各方建設之際，共匪忽然靦顏視親，逞兵叛亂，以其陰謀險狠卑鄙齷齪的手段和方法，竊據大陸，甘心否定國家歷史文化，背棄民族倫理道德，做蘇俄的幫兇。今日共匪之危害國家民族，實千百倍於往昔之日本軍閥，緬懷八年抗戰之艱辛，對此神州陸沉生靈塗炭，當更堅定反共抗俄之決心，而達成雪恥復國之使命也。

三、心得檢討

　　1. 吾人應絕對服從領袖之英明領導，使我們之行動一致，力量集中。

　　2. 吾人反攻大陸消滅赤匪，乃一「正義」之行動，為愛好自由和平民族之前驅，在作戰情勢上與政治關係上有利無害，應確實把握善為利用也。

　　3. 對匪作戰，必須以思想對思想，組織對組織，發揮總體戰之優點，使黨政軍聯合一起，而成為不可抵禦之洪流。

　　4. 反攻復國殺豬拔毛之目的，是堅決不移的，故對匪之攻擊，必須堅決澈底，不圖僥倖，不苟安，一擊到底，殲滅為止。

　　5. 空運補給乃為最不經濟之運輸方式，對含有水分之食品，應設法使之乾盡，以增空運效果，並對裝配品之整修技能，亦宜加以訓練，如空投通訊器材甚易損壞。

　　6. 上海、徐州兩機場撤離之時機均在共匪砲彈打入機場之後，此種撤離，對飛行極不安全，足證情報通訊及彼此通報均有加強之必要。

四、結論

　　今後對匪作戰在方法上，必須改進，方期奏效，總統已經訓示：用兵不如用民，三分軍事，七分政治，三分敵前，七分敵後，黨政要作軍事的前鋒和後衛，這是千真萬確、無上珍貴的訓示。我們應把它變成具體的組織和實際的行動，唯有服膺總統訓示，才能加速消滅共匪，以達重建三民主義新中國之目的。

● 歐陽壽

作戰時級職：空軍第二十大隊第三十中隊上校中隊長
撰寫時級職：空軍第六聯隊上校政治部主任

戡亂時期各戰役

在檢討大陸剿匪的失敗，無人不引為奇恥大辱，尤其我們身為革命軍人，深深感到失職的痛苦，在大陸作戰時間期，國軍以優勢的兵力和裝備，而敗於烏合的土匪實令世人恥笑，痛定思痛，在國軍轉進台灣之後，因總統的賢明領導，各級將士的深悔過去錯誤檢討得失，全國同胞和僑胞與政府一心一德，台灣才能在這短短數年奠定反攻的基礎，進而為東南亞反抗赤流的先聲和居於領導的地位。

但剿匪作戰期間失敗因素，深應確檢討改進的地方實在太多，雖經檢討改進者，而未能確切作到，尤其在個人方面，實在值得再加檢討，因為我們必須根除一切錯誤與缺點，方能保持和發揮我們的戰鬥力。

在抗戰和剿匪作戰期間，雖相續參加各戰役，但當時接收任務時，並無像今日完整的組織，予以明確敵情提示，且部隊存有紀錄欠缺完備，對參加各戰役分別詳實與檢討實感困難，現僅參加各戰役綜合得失，供我同仁參考與自勉。

剿匪作戰期中空軍的優點

一、空軍至高無尚的精神發揮了無限的力量，並且收獲到極大的成就，空軍是個新興科學化的兵種，在裝備上是日新月異，惟是要發揮他無上的威力仍靠精神力量，空軍有我無敵、

以一當十、以一當百的信條，與空軍每一份子都能融化在他精神上，因此空軍在作戰時，都能有必死決心。記得抗日戰爭，日閥零式機調中國參戰時期，我空軍因受機種性能的限制而居於劣勢，其中數個空戰，我方傷甚重，但敵機再度來臨時，仍是奮勇戰鬥，耗無氣餒現象。

二、感於總統親愛精誠的訓示，空軍同仁都能有兄弟手足之情，在空戰中若於不顧自己的安危，去解救同仁的危險事蹟中可以看到。

剿匪作戰期中的缺點

一、缺乏良好情報的組織和運用

「知己知彼百戰百勝」這句古人名訓，可說人人皆知，剿匪期中我們以建立有情報組織，但目前檢討起來，缺點實在很多，尤其在運用上處處站在被動方面，考其原因不外為：情報不確實，運用不合時機，雖有情報組織而絲耗未發其效力，當時戰爭有如盲目作戰，戰爭焉得不敗。

在兵運任務中即可明白告知我們這種實際情況，當時國軍兵力仍佔優勢，但部隊今日空運某地，明日又轉運到另一地區，於是地面部隊由空中往返奔波，這種事實都是說明情報的不確，指揮不當，在盲目作戰，我們應深加檢討改進。

二、心理上的失敗

抗戰勝利初期，共匪利用戰爭後人人極欲保持和平和集力於復原上的心理，運用各種偽詐手段瓦解了軍隊的戰鬥信心，進而使國軍失去作戰目標，當時戰爭目標轉移到某一地區，再擴大來說只稱為某一戰役，絕不像抗日戰爭時有一明確目標，戰爭焉能不敗。

三、三軍不能相互了解密切協同合作

　　當時作戰雖然有三軍協同作調效果，空軍只感覺到東西奔波到處支援，在局部或戰術上，或已收到較好效果，但在整個作戰來講，實應不止於此。

　　以上點是為回憶剿匪作戰時期中較大的優缺點，而這些優缺點都值得我們每一個人，時時警惕，自勵自勉，我們不能不時時檢討過去的失敗，流血的教訓，由檢討中求改進，勿忘我們軍人責任之艱鉅，在賢明總統領導下革命第二任務必能完成。

● **譚達光**

作戰時級職：空軍第二十大隊第三十中隊少校分隊長
　　　　　　空軍第二十大隊第三十中隊少校隊附
　　　　　　空軍第二十大隊第三十中隊
　　　　　　少校副中隊長
　　　　　　空軍第二十大隊第三十中隊中校中隊長

撰寫時級職：空軍第六修護補給大隊（七四〇一部隊）
　　　　　　政治室中校政治主任

作戰地區：瀋陽、西安、徐州等地

作戰起訖日期：35 年 10 月至 38 年 12 月

剿匪作戰心得報告

前言

　　無論什麼時候我們提起大陸剿匪的事，都認為奇恥大辱和悔恨萬分，我們以絕對優勢的兵力而卻打了敗仗退居台灣，這確是恥辱，我們輕信了執德不堅、心中並無主宰的人至誤了大事，這實在也是悔恨，今日我們以帶罪之身圖收復失地消滅匪寇之餘，我們認真地來工作，坦白地把過去失敗的慘痛教訓寫下來，毫無保留的檢討過去的缺點和失敗原因，這確是「不失為匹道之途」應有的措施。

　　自三十五年－三十七年，這個階段個人在空軍裡任的是分隊長－副中隊長，至三十八年元月起才任中隊長，當時雖然是每役參與，惟因職位關係對各種因素對比的詳細情形就不能完全了解，所以關於大陸剿匪的詳細經過，只能憑當時個人所見所聞坦

白報導，提供我們同仁參考。

一、缺乏情報

整個大陸剿匪戰事的失敗，我認為是失敗在情報方面，我們當時可以說沒有情報，就算有小小一部分，其可靠性也是不大的，因此使我們整個剿匪戰爭便陷於被動地位，我們不知匪主力所在，也不知道匪的行動，更不知道它的意圖。匪今天攻擊我們東線時，我們就以兵力援助東線，匪明日攻擊我們西線時，我們又以兵力移於西線，天天陷在被動中作戰。這原因固然和我們的將領的運用有關，而主要的還是在我們缺乏情報所致。

二、缺乏作戰目標違背了集中原則

我們的作戰目的是消滅共匪，可是我們為完全這個目的把目標指向何處呢？是全面剿匪嗎？還是擇其要者而行之？個人愚見，就以我們空軍方面，今天奉命太原運兵，明天西安運彈藥，後天又徐州投糧，過些時候又東北緊急增援等，事實變了處處都重要的表現。我就認為我們當時是沒有經過通盤的計劃，把箭頭指向第一重要的地區，集中兵力清剿該地區的共匪，而後轉移目標指向其他匪軍，這樣才不至被匪以大吃小，形成各個被擊破而失敗的。

三、有聯合作戰之形無聯合作戰之實

在整個大陸剿匪期間中，空軍的作戰是在無匪空軍中進行，因此空軍方面是無敵情的顧慮的。換言之，空軍可以任意的使用，不要考慮敵人空中的反擊力。可是我們空軍的運用怎麼樣呢？正和一般相同，東北駐防一部，西安駐防一部，徐州又駐防

一部，今天某地面部隊叫得緊一點時給他炸一炸，投送些彈藥，空運些兵糧，明天某部隊又叫援時又如法泡製，這種運用是基於聯合作戰的要求嗎？表面上似如之，實質上是事前沒有經過詳細的研究基於全局的要求而實施的，只是臨頭痛醫頭腳痛醫腳的措施而已，這不是聯合作戰的實質的。在這裡我們以最危險的徐州被圍而論，我有空軍、匪無空軍而被圍，已是失聯合作戰的意義，尤其是突圍的時候，未經作善妥的協同行裡動外援的措施，實為失策。聯軍可用的飽和轟炸而保有釜山，我們豈不能用空軍的外援而打條生路，這是我們沒有聯合作戰的修養所致吧。

四、政工退出了軍隊上了奸匪的大當

　　在大陸剿匪的重要關頭，我們忘了黃埔誓師北伐成功的王牌——政工制度——而輕於先，若將政工制度撤離了軍隊，以至這僅存賴於維繫人心堅定信仰的工具（政工制度）也喪失了，因此便有今日奸匪說：「總統應該下野」，我們居然齊聲共討，這些都是因為政工退出了軍隊，使每個人心中無主宰，看法不一致，說法無指導，做法各行其是，以至成為一群鴨子，一般任人都可以驅使而陷於不失敗的。

結論

　　亡羊補牢並未為晚，只要我們能得時刻不忘記這些失敗教訓，痛改前非，咬緊牙根，帶罪圖功，國家是有救的，革命三期任務亦可完成的。

第十二中隊

● **時光琳**
作戰時級職：空軍第十二中隊中校中隊長
撰寫時級職：空軍第二聯隊上校聯隊長

作戰地區：全國各戰區
作戰起訖日期：34 年 11 月 1 日至 37 年 6 月 31 日

華北東北觀察攻擊作戰、陝北魯南豫東作戰、東京城寧安牡丹江密山轟炸、石家莊永年東明臨清轟炸

一、概述

　　民國三十四年十一月一日繼方朝俊少校接長空軍第十二偵察中隊，該中隊當時編制計轄四個 RF-38 雙發動機單座照相偵察機分隊，每一分隊編制分隊長一員，飛行員四員及飛機四架，全中隊共計偵察飛行軍官二十四員，RF-38 照相偵察機十六架，直屬航空委員會駐防四川遂寧。三十五年三月初移防南京大教場，同年六月增配 RB-25 雙發動機多座偵察機六架，兼服航空測量、氣象偵察、指揮聯絡等附加任務。於三十七年七月一日奉調空軍第一轟炸大隊大隊長，由少校副中隊長翁克傑接長空軍第十二偵察中隊。

二、作戰經過

　　抗戰勝利後為配合全國各戰區戡亂作戰之需要，於三十四年十一月二十日奉命派遣一個分隊編列 RF-38 機四至六架，由

分隊長剛葆璞中尉率領，長期駐防北平南苑機場，並分遣 RF-38 機一至二架進駐瀋陽北陵機場，分別配屬於空軍第一、第二軍區司令部，擔任華北及東北地區之匪情偵察、目標照相、天氣觀察及攻擊領航等作戰任務。又為支援陝北、魯南、豫東地區之戡亂作戰，更臨時機動派遣必要之偵察機進駐西安、濟南等地，執行任務。中隊部除適切支援各派遣分隊之人員補充、飛機修護、器材供應已及技術戰術行政之指導外，並直接受命空軍總司令部之指揮，執行蘇北、華中地區及遠程戰略目標之偵察照相與指揮連絡等任務，且曾親自服行對東京城、寧安、牡丹江、密山等地匪空軍訓練基地以及石家莊、永年、東明、臨清等地轟炸目標與匪情之偵照。在此二年八個月期間，均能圓滿達成任務，適時提供各級司令部及陸海空軍各部隊以所需之空中偵察情報與照相圖片，而從無作戰傷亡或人員被俘情事之發生。

三、檢討

（一）由於空勤人員訓練精良，且訂有完整之現行作業程序，故對於兵力調配，飛機整備，任務執行，作戰指導，以及照相作業與判讀等均能密切配合，靈活運用，以少數飛機支援全國各戰區之作戰需要，而適時完成所付與之使命。

（二）當時因缺乏富有特種判讀經驗之專業人物，故未能充分發揮空中照相之功效。

● 翁克傑

作戰時級職：空軍第十二中隊副中隊長
**　　　　　　空軍第十二中隊中隊長**
撰寫時級職：空軍第七四二六部隊上校副聯隊長

一、作戰時間及職務

　　民國三十四年十月至民國三十七年六月三十日任空軍第十二中隊副中隊長職，民國三十七年七月一日至民國三十八年二月一日任空軍第十二中隊中隊長職。

二、番號

　　空軍第十二照相偵察中隊。

三、沿革

　　空軍第十二中隊在剿匪及抗戰初期即轉戰各地，戰功卓著，後以裝備飛機無法獲得補充，乃調回成都訓練，加以空中偵察戰術在大戰期中發生重大改革，舊式之偵察戰術已遭摒棄，因此此一部隊遂遭遇到解散之命運，時為民國三十一年左右。

　　民國三十二年考選方朝俊、時光琳、翁克傑三人派美受照相偵察飛行訓練，並在美挑選我在美完成飛行訓練之優秀青年軍官參加，以備返國重組偵察隊伍。民國三十四年初完成訓練，在返國途中之印度接收新式之 P-38 型照相偵察機返國，在遂寧組成一個照相偵察中隊，仍沿用前空軍第十二中隊之番號，亦為目前空軍第六大隊之前身。十二中隊在遂寧成立後，第一任中隊長為方朝俊，抗戰勝利後由時光琳接任，至民國三十七年七月由翁克傑接任，以迄大陸撤退，部隊遷台為止。

四、編制及裝備

空軍第十二中隊係一個獨立中隊，直屬空軍總司令指揮。抗戰勝利後，自遂寧移駐南京大教場（以一個分隊派駐北平南苑，歸空軍第一軍區作戰指揮，負責空軍第一、二兩個軍區之偵照任務），當時裝備飛機為 P-38 照相偵察機十六架，另有額外 B-25 機三架任夜間照相及航測，與小型連絡機兩架，全中隊空勤人員二十餘員，全中隊官兵共約二百餘人。

五、作戰前之狀況

抗戰勝利後，第十二中隊即隨空軍總部移防南京，為執行華北及東北地區戡亂偵照任務，派遣一分隊之兵力計 P-38 三架進駐北平南苑以迄北平撤退。

當時因部隊成立未久，裝備飛機性能優良，飛行人員均經在美嚴格訓練，不特技術優良，自信心亦極強，故士氣至為高昂。

六、作戰指導及部署

在戡亂作戰中，第十二中隊之任務為執行上級偵照命令，以獲取匪情供上級司令部及友軍之用，當時部署主力駐南京，由空軍總部直接指揮，以一個分隊兵力駐北平，歸第二軍區司令部指揮。在戡亂後期空軍總部組成作戰指揮所，第十二中隊作戰指揮遂改隸指揮所。

七、作戰經過及戰鬥後狀況

在此一戡亂階段中，匪尚未能建立其空軍部隊，故我掌握絕對之制空權，因此偵照飛機除少數低空目視任務曾受匪地面砲火之妨礙外，可以說是如入無人之境，執行任務毫無困難，上級所

賦予之任務均完滿達成。在此一段作戰前間，任務區域包括東北、華北、華中等廣大地區，可以說是無役不與，雖因任務性質未為人注意，而成為空軍中一支無名英雄部隊，然其對黨國之功勞實不可磨滅。

在此一戡亂作戰期中，第十二中隊傷亡計失事殉國飛行員二人，受傷一人，毀 P-38 型機四架，輕傷 B-25 型機一架（為匪地面砲火擊中）。

第十二中隊係服行偵照任務，部隊大部分係高空照相，未與匪軍接觸，故匪傷亡、俘虜、鹵獲等事項均無。

八、檢討

第十二中隊係一照相偵察中隊，主要任務為高空照相，因當時匪無空軍部隊，我握有絕對之制空權，故高空照相之正規戰術未受任何妨礙，至低空目視偵察，亦只有一次為匪高射砲火集中，然飛行員利用單發動機飛行安降基地。

在此一作戰期間，部隊感覺困擾者為上級對偵照目標之選擇，似欠缺一甄審系統，使飛行員費極大之力量而毫無所獲，至影響士氣不少。例如偵照山東半島地區之匪兵工廠，上級指示及要求偵照之目標均為極小之村落或三數農舍，根據地面情報，該等兵工廠均為極小型者，每日生產三數步槍或手榴彈不等。飛行員執行此種任務須攜帶十餘張之大比例尺地圖，費五、六小時之辛勤觀察，將目標標定並照相，而結果所得者亦只為村落及農舍之照片，其情報價值甚微，似此費力而無效之任務，實在是浪費兵力。

在東北地區之作戰中，匪高砲見我 P-38 機臨空即停止射擊，此概由於每當我機照相後隨即有我戰鬥轟炸機對匪高砲陣地

作猛烈之攻擊，故我 P-38 臨空，匪即停止射擊，免我發現其陣地也。

由於第十二中隊係一照相偵察部隊，使用大後方之基地以執行任務，主要任務又為高空照相，甚少與匪接觸，故對匪軍事作戰方面之戰法、戰略、戰鬥特質、人事、行政、情報、反情報、教育訓練、後勤、軍事動員等，均無直接經驗與心得，其政治作戰方面亦如是。

當時匪軍無空軍部隊且無偵測雷達，故情況與目前已大異，當時部隊優點為士氣旺盛，飛機性能優良，上級賦予任務皆能完滿達成。根據過去經驗，照相偵察戰術仍不出在高度與速度方面超越敵人攔截機之正規戰法，如高度、速度均不能超越敵之防空攔截機時，則勢必採取奇襲與戰鬥機掩護之戰法，然由於偵測雷達之日漸改進，奇襲已非易事，戰鬥機掩護亦不適用於敵後深遠目標，故照相偵察任務之能否達成，將仍視其與攔截機在高度與速度兩項性能之較量，故在反攻作戰中，為明瞭敵情使我在計劃與作戰方面有所依據，則爭取性能優越之偵察機時為要圖。

此外，對於節約偵察兵力亦為今後作戰指揮官應特予考慮事項，即富庶如美國，在上次大戰中尚不能有充足之偵察部隊以滿足軍事上之需求，我目前之偵察部隊更是有限，器材補給均仰賴他人，實無法滿足三軍之需求，故必須考慮目標之情報價值，及其對全般軍事上優先，以定捨取，務求以最少之消耗，取得最大之代價。

以上係個人回憶所及，極欠詳盡，當時資料因輾轉遷移，已無法詳查，實為最大之缺憾也。

供應司令部

● 周一塵
作戰時級職：空軍供應司令部上校參謀長
撰寫時級職：空軍供應司令部少將一級司令

戡亂期中及以後之空軍後勤供應業務

前言

在剿匪時期，我都在擔任著軍事學校的教育工作，戡亂時期則由教育機關調到後勤供應單位服務，以迄於今。

教育與作戰，雖有間接的因果關係，但並無直接的密切關係。

後勤與作戰，非僅有著直接關係，而且於每一戰役中，有著決定性的條件與因素。

所以，我在本文中，將我在剿匪時期不屬於本文範圍的教育工作，一概省略，僅就戡亂期中與以後的後勤供應之於作戰的經驗，報告於後。

一、創建的決策

後勤業務，是作戰時例的水銀柱，是決定勝敗的重要因素。古今中外，不少軍事學者，無不認為後勤業務之於作戰，有著決定性之關係。雖現代之戰爭中，戰力的造成，日形複雜，然一切戰力的因素，皆有賴於後勤工作以促成之。

一個戰鬥體系的構成，其最主要的是「人」與「物」兩個因素。後勤業務，就是軍隊「物」的因素的具體表現。

空軍為科學化兵種，其於後勤業務上，與陸海軍迥然不同。

因為空軍所需器材，特別複雜，在裝備之維護與補給上，項目特別繁多，故需要高度的科學技術智識，與週密的組織系統，始能達到作戰的要求。

空軍供應司令部，就是從上述實際上的急切需要下，便於三十五年十月間在上海成立，從此，便擔負起空軍整個後勤供應業務的使命，開三軍建立供應專業機構之先河。

當時，我們的決策，是欲參照美空軍的後勤制度與建制精神，並適應我國局勢需要，建立一個強有力的空軍供應專業組織系統。除成立空軍後勤供應專業總紐樞——空軍供應司令部外，更將全軍有關各後勤機構，次第改絃更張，依照新制度重行整編，以配合作戰之需求，加強戰力。

這一決策的執行，依照當時進行的情況觀察，以及一切成果的判斷，如果能給我們五年至十年的安定時間，來部署一切，充實一切，則中國空軍的後勤供應力量，將不難趕上歐美各先進國家。惜以當時因共匪假俄帝之勢，公行叛亂，供應司令部只能在支援戡亂作戰之情況下，抽出可能而有限的力量來充實本身機構及其所屬組織。建軍之施展力，由於戰局之擴大，也漸漸減少進度。

後來，國際局勢，益形逆轉，國內一切政治、社會、經濟，處於混亂狀態，共匪叛亂，愈形猖狂。因之，我們的後勤供應制度之建設計劃，頓受阻撓，終至遭受重大的破壞。

於此，深知建軍事業之艱鉅，建軍工作，非但要有內在的堅強力量來創造，更需要外力支持，一切政治、社會、經濟、外交的力量，都是建軍成功的條件。

二、轉進與部署

由於局勢的惡化，戰局的逆轉，空軍供應司令部乃遵照層峰決策，於三十七年冬開始轉移台灣，組織疏遷委員會，一塵奉命主持其事。

疏遷期中，一切物資裝備之集中疏運，車輛、飛機、船舶之調度，人員之派遣，以及人員眷屬之疏散等等，均於事先加以週密統計計劃，得將全部物資及工作人員，悉數運抵台灣。

檢討當時轉進應變計劃，在疏遷工作方面，固進行得尚稱圓滿，然其下一步驟，尚有很大缺點。因為物資到達台灣之後，由於數量龐大，倉庫缺乏，以致有不少器材無法貯存，露天堆放，損失殊多。且復人員與眷屬分批湧到，亦未能即時予以安頓。此固當時局勢急迫，不容我們於事先在台灣方面有所週全之準備，但於此實令我人得到極大之經驗與教訓。深以轉進應變計劃，對於最後行動的一切需要，必須事先充分考慮確實準備。

遷台後之初期，除一面支援對大陸之作戰外，一面更發動人力，整理物資，重建庫房，從新部署全部組織系統。為配合台灣地區情勢，乃於三十八年十月一日將原有之各供應處撤銷，分別成立修理總廠於屏東，補給總庫於台南，以為工廠修護與庫儲撥補之重心。並在各基地成立供應大隊，分別擔任場站修護與基地補給工作。同時，又成立高雄、基隆兩運輸站，用以執行南北兩港之接收運輸任務，提高運輸效率。於是，修護、補給工作，擴及全軍。廠庫作業，乃得奠定規模。

此一段工作時期，我們從紊亂的情況中，整理出頭緒來，進而更建立了適應當時局勢的後勤供應機構，雖然，這一時期的工作程序與作業方法，以及一切人員與物資之管理等等，比之目前，相去甚遠，但當時於艱難困苦之環境中，能克服所遭遇之一

切險阻，一面穩定本身，一面支援作戰，終得日漸充實力量，打下基礎，從整個的行為來看，可以說有很顯然的成果的。

三、穩定與進步

我們從紊亂的狀態中求穩定，從穩定中求進步。本「自助而後人助」的主旨，一面競求後勤供應業務的進展，一面更求爭取外援，充裕戰力。

自三十九年我們基礎穩定後，空軍後勤供應機構，即作以下各點之策劃充實。

（一）爭取美援

自三十九年開始，美援物資即源源運達，使中國空軍由螺旋槳飛機能逐漸進入了噴射機時代，新式裝備大量增加。至四十三年秋，金門砲戰之後，美方軍援政策，對我國補給列為第一優先，各項器材裝備之修護補給，得增加效率，我們為把握時機，對美援物資之申請、接收、存儲、檢查、調撥、使用、維護等，均特別警惕，不斷研究改進，及加強愛惜軍援物資運動工作，以求博取信心。並成立軍協計劃委員會，擬定長遠之基本計劃，訂定申請時機、申請程序及作業辦法，以冀爭取更多軍協預算，年來運用軍協款項，興建各處廠棚、庫房、營房及一切空軍設施，為數頗大，成果豐碩，減輕國家財力負擔，增強戰力不少。

（二）建立油料補給專業

興建油池油管，以求存儲安全，補充迅捷，目前全軍各基地油料之輸補存儲及支援，已有劃時代之進步，能配合於噴射時代大量飛機油料消耗補充之要求。

（三）專業劃分

　　由於空軍進入了噴射機時代，新裝備大量增加，而後勤供
　　應業務亦隨之日益繁重，故於四十三年十一月，為配合任
　　務需要，達成修護、補給業務專業化之目的，乃將空軍修
　　理總廠及補給總庫等供應單位撤銷，改組成立第一、第二
　　供應區部及第一、第二、第三供應處，使修護與補給業務
　　能相互支援，一切裝備可按照專業劃分實際情況分區集
　　結，經濟運用。

（四）加強修護工作

　1. 建立噴射機修護能量，自獲得各型噴射機後，即加強在
　　　職訓練，將原有修理螺旋槳飛機人員，輪流分批予以噴
　　　射機修理之實習訓練，以建立能量。並建立噴射機結構
　　　修理及擇要檢修制度，使全盤物資能達到最經濟及最有
　　　效運用之要求。

　2. 編訂修護手冊，以建立標準作業程序，使作業人員在業
　　　務處理上有所遵守。

（五）加強補給工作

　1. 編訂補給手冊，建立工作程序，使各項補給業務，均有
　　　一定之軌跡可循，達到制度化、科學化之要求。

　2. 樹立自動補給與送達輪補制度，做到「適時」、「適
　　　量」、「適質」的三大補給要領，使補給業務切實支援
　　　作戰與訓練。

　3. 建立基地補給及勤務儲備庫制度，使補給與修護單位，
　　　密切配合，縮短補給時間，適切供應作戰基地之需要。

　4. 採用聯邦料號，建立新型賬卡，以利軍援申請，而便
　　　管制。

5. 縮短輸補時間，訂定各種器材輸補期線，使飛機停機
待件之器材輸補，不致超過廿四小時之期限。

以上是就重點上而言，我們從遷台初期之整理，以至於
安定，而達到一切之進步。

在進步期中，以迄目前為止，我們若從先後情況來比較，其
進步是很快的。但吾空軍後勤力量的充實，由於任務之大，需求
龐雜，未能達到我們理想之處者尚多，仍應不斷在工作過程中努
力研究發展，乃能使空軍之後勤供應業務，切實達到支援作戰與
訓練之要求。

四、結論

在目前台灣海峽的對敵作戰，與今後反攻大陸，我們均需要
有強大的空軍優勢武力，以掌握制空權。

英國空軍元帥泰德在其空權論內說：「決定國家命運的時
候，空權仍將是主要因素。」空權之重要，為世界各國所公認。
歐美各國，自第二次大戰以後，由於受俄帝侵略野心所警覺，乃
競相充實空軍，一切空軍之裝備、武器、技術、運用，不斷在研
究加強，以保持空中之優勢。

我們認定空權之如此重要，所以必須盡一切可以盡的力量，
來建立堅強充實的空軍。要有堅強充實的空軍，必須先有強有力
的後勤供應力量。

檢討十餘年來對空軍作戰之供應支援，以及一切建軍措施，
衡量其得失，尚有待我們積極努力之問題，實在很多。

空軍後勤供應業務，是最科學的工作，為求業務之發展，今
後尤當致力各種研究，發掘問題，研究發展之步驟，在技術與學
術方面，首先應仿歐美各先進國家之長，做到「人有我亦有」的

階段，繼則作進一步之研究，力求改良。使能作到「我比人好」的階段。再則更加努力迎頭趕上，而達到「創造發明」的階段與最終的目的。

此外，目前我們對於噴射時代「遠程轟炸」支援力量之如何加強建立，以求反攻戰爭展開時發揮偉大之燬滅威力，以及如何再提高補給效率，使輸補時間更加縮短，如何改善工作方法與工作程序，使無論在補給及修護支援上，均能以少數人發揮多數人之力量，以少數物資發揮大量物資之功能，以達到「以一當十」、「以十當百」之要求。凡此均為我人今後應該檢討努力的問題。

● 陳景祜

作戰時級職：空軍供應司令部
撰寫時級職：國防部動員局空軍上校副局長

一、前言

余自民國廿四年由空軍軍官學校畢業後，即留原校擔任教官，廿九年始調至轟炸部隊作戰，卅六年調至空軍總部，及後復調至空軍供應司令部擔任幕僚工作。當余在轟炸部隊時，除擔任轟炸與疏散任務外，其餘時間多為訓練，後在各司令部擔任幕僚業務時，因非主管作戰，故未參加剿匪戡亂何項戰役，茲謹就剿匪戡亂作戰時期對朱毛匪幫戰略戰術之認識，概述於後。

二、共匪對戰爭本體的認識

共匪對戰爭本體的認識，是竊取克氏孫子及馬克思等的錯誤階級理論，它認為戰爭的起因是由於階級分化，戰爭的目的是政治的繼續，經濟的利益，以無產階級的利益為分野。

三、共匪之戰略方針

共匪在叛亂戰爭中之軍事戰略方針是持久戰與消耗戰，要求在持久之中消耗敵人，同時在持久之中尋求其本身之發展，故共匪有所謂「壯大自己，消滅敵人」，其一切指導規律，係根據客觀環境與主觀條件之演變而演變，並無絕對一成不變的定則。其戰爭的過程以農村為根據地，向都市發展，實行以農村包圍都市的作戰方式，以保存自己，殲滅我軍有生力量，從不斷鬥爭中改變敵我力量之對比。

四、共匪各階段之作戰行動

　　共匪自江西萌芽，經過抗戰時期，以至抗戰勝利後各階段之作戰行動，略述於後：

（一）自民國十六年至廿六年，共匪建立「湘贛邊區蘇維埃政府」時，以運動戰與游擊戰互相配合，執行小型的逐次殲滅戰，打破國軍之圍剿，以擴張其兵員建立根據地。

（二）自民國廿六年至卅四年，共匪以游擊戰為主，運動戰為輔，以求軍隊由量到質的轉變，準備爾後全面叛亂為目標，利用抗戰時期，以正規軍之一部進入後方地區，建立游擊區。由卅四年起，共匪則控制東北，堅持華中擾亂華南，執行戰略退卻，逐次吸引國軍佔領點線，分散兵力，再尋求國軍過失，實行小型的逐次殲滅戰，以消耗與破壞，轉變劣勢為優勢。

（三）民國三十六，共匪由守勢漸轉入攻勢作戰，採大機動迂迴運動，先略取國軍外圍據點，實行規模較大的逐次殲滅戰，當徐蚌會戰，國軍主力損失之後，不予國軍喘息機會，集中兵力，實行機動的戰略追擊，追求國軍主力決戰，肅清全局。

五、結論

　　戰爭原則，自古迄今，並無大異，共匪亦無特殊之創造，但就其過去運用上研究，實有不可忽視獨到之處，今後軍事成敗為反共抗俄成敗之關鍵，願我全軍官兵對共匪作戰不斷研究，以求制勝之道，則反共自可必勝！建國亦可必成！

● **陳恩偉**
作戰時級職：空軍第二供應處處長
撰寫時級職：空軍上校

心得

抗戰勝利以後，卅五年冬華北匪軍聶榮臻部大舉蠢動，到處劫擾襲擊國軍，破壞全國交通網，阻止國軍前進，使全國陷於混亂狀態。空軍為配合安內剿匪國策支援陸軍，於重要據點設置空軍基地指揮部員作戰，陸空協調後勤支援等責。卅五年三月廿六日奉命任指揮官之職，十月間張家口方面之敵大舉來犯，有佔襲及擾亂平津安全之企圖，空軍首先出擊轟炸掃射任務架次加多，敵之蠢動始被制壓，其主力潰竄，平津得以確保，奉頒空軍復興勳章一座。

檢討及心得，空軍任務重多，技術方面尚須不斷講求，剿匪作戰首重陸空協調，如不確實，常生誤差，使友軍因此減低其本身之作用，諸如彈藥、糧秣之存儲，仰賴空投不能充分自給，每因使用偵察空軍而對其本身警戒疏忽，部隊之推進依賴空中偵察，夜間因天候不克施行轟炸時，友軍部隊每感威脅及抱怨。

● 羅中揚

作戰時級職：空軍第四供應處處長
撰寫時級職：國防大學校上校一級學員

協同地面作戰－徐蚌

　　在大陸剿匪時期，自民國二十二年冬空軍學生時代參加討伐閩變起，經五次圍剿、追擊，直至二十五年西安事變止。除四川境內未參與外，始終協同地面部隊，密切配合，剿匪無間。西安事變，亦在西安被軟禁，此乃第一階段。日本投降，奉命為空軍第九地區司令部參謀長，接收山東空軍，同時指揮第六大隊任剿匪作戰之任務。惟當時我空軍限於上級命令，僅負空中偵察與空地通信連絡工作，既不能轟炸，連掃射也在禁令之列。迄三十七年徐蚌會戰前後，任空軍第四供應處長，以南京光華門外大校場為主基地，負責六個大隊又一個中隊的作戰供應任務，駐場飛機多至四百架以上，其中尚包括民航運輸機四十餘架，可謂盛況空前，此乃第二階段。在各階段剿匪作戰中，匪軍始終無空軍出動，故無空戰之可言。因此，僅就個人當時參加支援地面友軍作戰之膚淺認識，憑記憶所及，陳之如次。

一、匪軍對防空之警覺性頗高，特別講求偽裝與蔭蔽，故不易為我空軍所發現。

二、軍調三人小組期間，匪軍知我空軍不參加作戰，僅負部分偵察任務，但對空蔭蔽偽裝，仍不鬆弛，尤特注意夜間行動，避免空中眼目。

三、徐蚌會戰期間，無論是雙堆集之戰，碾莊之戰，及徐州附近諸戰役，匪軍均以坑道戰法，每日空中照相結果，發現坑道

日日增加，將我軍層層圍困，使我機械化及裝甲部隊，無法施展其威力。

四、綜觀我地面友軍部隊之戰志與攻擊精神，第一階段頗為良好，尤以胡將軍領導之部隊為然。第二階段以後，則每況愈下，我空軍雖以強大兵力直接支援，亦無法挽回戰局。

● 楊茲祺

作戰時級職：空軍第二一〇供應大隊中校中隊長

撰寫時級職：空軍參謀學校上校學員

作戰地區：淞滬

作戰起訖日期：38 年 4 月 18 日至 5 月 25 日

淞滬戰役

　　民國三十八年四月淞滬會戰序幕揭起，我空軍部隊大部奉令進駐江灣機場，保衛淞滬，我亦於是時奉令調返江灣擔任基地勤務以及協助撤運物資工作，至五月廿五日上午十時許，當我方正在攻擊匪軍並撤運物資之時，江灣基地忽被叛軍砲擊，情況危急，我機隊以及人員遂而忍痛撤退台灣。在此期間，我空軍出擊與空運繁頻，因此基地勤務亦隨之而艱鉅，幸賴上下一心，共同努力，而完成所負之使命，謹就記憶所及，陳供指正。

　　當匪軍分數路向淞滬流竄時，我前線部隊雖盡最大能力，予以迎擊，但以態勢懸殊，致而逐次棄守，迨我空軍集中江灣基地後，即運用空中優勢，分批向匪軍輪流攻擊（出動飛機計有B-24、B-25、P-51、C-47 等），每日出擊率平均在一百五十架次之多（消耗彈藥約在四至五萬磅之間），匪軍因被我空軍不斷攻擊，損失慘重，是而攻勢頓減。五月中旬，匪軍獲得補充後，復又發動大攻勢，但為我空軍所威脅，以致進展遲緩，因此遂採取日間潛伏、夜間流竄之戰法，繼續向上海進迫。當時因值黑夜，我轟炸部隊出動較為困難，但為支援前線作戰，遂利用 C-47 運輸機裝運照明彈與炸彈冒惡劣天氣分批向匪軍迎擊，當我機飛臨

敵陣地時，匪軍攻勢頓停，至投彈返防後，又行大肆攻擊，我前線對空電台不斷向基地塔台要求迅速支援，我空軍為達成保衛上海之使命，竟不避艱苦，作不斷穿梭之向匪軍實施轟炸，期以遏止其攻勢，無奈時在黑夜，對地攻擊之準確率較差，而地面部隊又不能遏止其流竄。至五月廿四日晨，我軍遂棄守虹橋，當時我機隊除留部分 P-51 機繼續協助作戰，C-46 撤運物資外，其餘均奉令飛台。廿五日晨三時，虹橋方面匪軍已攻進上海，奉基地指揮官令決定於當日中午十二時開始撤出江灣並於十五時完成，在未撤出前除應注意防備以及支援作戰外，並將未撤出之破壞裝備予以毀壞。至十時許，當我方正在支援作戰時，江灣基地忽而遭受叛軍砲擊，彈如雨下，時我適在指揮返防飛機加油掛彈，為敵砲彈所傷，經救治後隨機撤台。

當南京情況危急時，我軍為爭取搶運物資之時效，故大部空運江灣候機轉台，不久上海情況又告緊急，因此除南京撤運之部分外，上海各項待運物資亦須立刻疏運，當時我空運部隊全部集中江灣，擔任搶運任務，但因待運物資過多，而裝運工具與人員均感不足，為達成此項搶運任務，故立刻向市面徵購裝運車輛以及民伕，經四十餘日之努力，除中紡公司交運之棉紗（布疋）與留供作戰用之彈藥、車輛、工具，因叛軍砲擊機場，情況危急，以致未及撤出外，其餘均已按照計劃達成任務。

在此次淞滬保衛戰中，我空軍各部隊已竭盡最大之能力，並獲得優越之成果，謹將所見，臚陳於下：

一、匪軍以優勢之地面部隊，分三路向淞滬流竄，當初攻勢至為激烈，但經我軍日以繼夜不斷炸射後，非但其傷亡慘重，且迫其停止日間之攻勢，是而流竄遲緩。

二、以 C-47 空運機裝載照明彈與殺傷彈，於黑夜分批實施對匪

軍攻擊，雖然準確率較差，但當我機飛臨敵陣地上空時，匪
軍攻勢即行停止，由此足見亦已收到相當之成效。

三、在作戰期間，我基地塔台始終與我前線對空電台保持密切之
連繫，確切明瞭敵我態勢，作為攻擊匪軍之依據。

四、在淞滬保衛戰中，我機出擊及空運起落繁頻，而加油掛彈與
飛行管理等等工作人員不敷分配，但為求達成任務，各均能
以最大之能力，爭取出擊時效與航行安全。

五、江灣基地待運物資堆積如山，在情況危急與裝備人員缺乏之
下，我空運有關人員，均能不必艱險與困難，日以繼夜不斷
工作，完成歷史上最大與最艱難之一次空運任務。

● 蔣紹禹

作戰時級職：空軍昆明供應中隊中校中隊長
撰寫時級職：空軍高射砲兵司令部上校一級副司令

作戰地區：雲南昆明

作戰起訖日期：38 年 12 月 9 日至 15 日

昆明奪機脫險

一、概述

　　三十八年的十月底，共匪攻佔了重慶以後，侵略的箭頭開始指向成都。於是在政府決策下，一個龐大的空運撤退計劃開始了。每日飛翔在成都、昆明之間的空運機達數十架次之多，大批的人員和物資，自成都運到昆明，擁擠在巫家壩的機場上，那時我擔任昆明空軍基地指揮官的任務，五軍區的沈副司令延世，率幕僚人員也到昆明設指揮所。當時由於盧漢的態度曖昧，所以我們隨時都提高警覺，以防萬一，飛機一落地，馬上就加油並催他們立即飛回去，不希望有飛機停留過夜，以免發生意外的事端，儘可能為國家保存元氣。

二、作戰前之狀況

　　十二月九日，天氣晴朗，隆冬的驕陽，顯得異常的和暖。下午三時一架專機由成都載來了西南軍政長官張羣將軍，同機的尚有廿六軍軍長余程萬、第八軍軍長李彌和叛軍軍長龍澤匯等。有些人猶在揣想，昆明的局面，也許會再安定些日子吧！可是暴風雨前的寂靜，是不會長久的。當天的傍晚，盧逆的叛軍，已用

「加強警戒」的名義，佔據了機場內外的各處據點和油庫，並且監視著停在機場的九架 C-46 型空運機。這時我已判定盧漢這個無恥的敗類，是決心要叛變了，於是我一面告訴〔後缺〕

通信總隊

● **唐連傑**
作戰時級職：空軍通信總隊中校參謀主任
撰寫時級職：國防部通信局上校副局長

作戰起訖日期：35 年 1 月至 38 年 8 月

一、概述

　　民國卅五年一月至卅八年八月，本人曾任空軍通信總隊參謀主任職務，該總隊直隸空軍總司令部，下轄第四〇一至四〇六，六個通信大隊，分別配屬第一至第五空軍軍區司令部及空軍總司令部擔任通信勤務。所有上述各通信大、總隊，均係抗戰勝利後隨航空委員會及各空軍總司令部之改組而成立者。通信總隊駐南京，編制為四組、三室、一課及直屬通信工程隊、通信訓練隊各一，官兵約二百人左右，第一任總隊長為現任空軍總部副參謀長黃褚彪少將，卅八年初改由現任空軍總部諮議官張之珍上校接充。

二、檢討

　　空軍通信總隊為空軍地面通信技術勤務部隊之指揮單位，並不直接參加各地戡亂戰役，謹就空軍通信方面本人所見之一般優缺點分述如下。

優點

（一）建立載波無線電通信網，增進空軍戰力。卅五年利用接收美軍遺留之特高頻率（VHF）無線電裝備，架設完成南京

至徐州、漢口、上海載波複波道通信網，不特創國軍建立
載波無線電通信之先聲，且間接增強了徐蚌、長江各戡亂
戰役中空軍戰力，卓著成效。

（二）士氣高昂，維持通信至最後一分鐘。空軍通信部隊士氣始
終極為高昂，大陸戡亂逆轉時，各地通信部隊無不維持通
信至最後一分鐘，蚌埠載波中繼台官兵，直至匪軍衝入電
台，始將機件破壞，即為一例。

缺點

（一）通信保密制度不全，警覺不夠。通信保密僅有另星規定，
缺乏整套制度，各級軍官隊通信保密觀念亦缺乏認識，因
而在傳遞過程中洩密者，常所難免。

（二）陸用通信裝備不能適應需要。當時空軍雖已接收有美軍遺
留於雲南、四川各基地之通材，並建立了京、徐、漢、滬
間載波無線電通信網，但大陸幅員廣大，大部分通信不得
不仍恃高頻率無線電是賴。但高頻率無線電不易經常保持
廿四小時不間斷連絡，且最易為匪軍所偵收破譯，其影響
於空軍作戰者實至重大也。

三、結論

　　空軍通信電子裝備與設施，數年來因獲得美方之積極支援，
固已不可與大陸戡亂時期同日而語，且與美軍標竿亦相差無幾，
復因目前地面通信，全部以載波及微波電路為主，機密性大增。
但今日空中武器是行動速度已超過音速，空軍作戰，其依賴於
通信電子工具之程度，亦日益加深。今日衡量空軍戰力，除空中
武器之性能與數量外，通信電子裝備與設施效率，亦已成為必
要因素，而現有設施亦逐漸無法適應今日空軍作戰之需要，故

年來美國空軍對通信電子之研究發展，進行不遺餘力，以地面設施而言，如「半自動地面防空系統」（Semi-automatic Ground Equipment）之建立，「前向散波」（Forward Scatter）電路之設置，均為其中之較顯著者，今後對新裝備之爭取，新技術之增進，尚有待於我空軍全體通信同人之繼續努力也。

● **汪復強**

作戰時級職：空軍第二通信大隊上尉大隊長
**　　　　　　空軍第四○二通信大隊上尉大隊長**
撰寫時級職：國防部連絡局上校副組長

作戰地區：濟南青島

作戰起訖日期：36 年 5 月至 12 月

沂蒙戰役

概述

　　空軍第二通信大隊編制 364 員名，下轄空軍第二軍區司令部防區內各級電台、電班、塔台、導航台，負責軍區內一切空軍活動所需之通信勤務及有關之計劃與督導，成立於卅六年二月十六日，初隸屬於空軍通信總隊，其大隊長兼任軍區司令部通信科長，當時轄有北平南苑及濟南二區台，歸綏、青島、石家莊各甲種台，天津、張家口、保定各乙種台，坊子、集寧、包頭各丙種台，西郊、南苑、濟南、青島、歸綏、石家莊各塔台，南苑、濟南、青島各導航台，北平、濟南、歸綏、青島、石家莊、天津、保定、包頭各電話班等。至卅六年七月改隸空軍第二軍區司令部，原司令部內之通信科撤銷，該大隊長即為軍司令部之最高通信幕僚，得直接協調司令之一般參謀，以策定軍區內之通信計劃佈署與後勤支援。卅六年十月改番號為空軍 402 通信大隊，膠濟線戰役後增編濰縣丙種電台，於因戰事失守，電台亦被俘，坊子台亦併入青島台。大隊首任大隊長為空軍上尉汪復強，即原軍區司令部通信科長，卅七年八月汪員調空軍參校受訓，由空軍少校

謝進接任,迄北平撤退為止。

作戰前之狀況

　　自卅五年八月共匪以其所謂全面動員明目張膽擴大叛亂,是時政府改組成立國防部不久,主持華北空軍之第二軍區司令部甫告成立,積極佈署區內各空軍基地以利空軍活動。在政治方面則由匪經由美方馬歇爾特使提出五人小組與恢復軍事三人小組,並有第三方面人士奔走期間。卅五年九月,當時主席蔣正式表揭「處理當前時局具體辦法」八項為政府國策基礎,華北一般地區國軍軍力均尚稱優勢。觀夫十月十六日停戰期滿後即收復張家口,同年冬收復集寧,是尚大有可為,唯於其後政府以召開國民大會下令終止軍事行動,予匪以極佳喘息機會。而對國軍言,則以為寄大事於政治解決矣,而難免志懈,此後直至卅六年一月軍調停止,六月後國軍重復主動進剿,已極形吃力矣。

我軍作戰指導

　　此區內作戰重心在打通津浦鐵路以利南北大軍運輸為主,以打通膠濟路經海上為南北間輔助交通為副,並隔絕蘇北、豫東之匪使不能呼應,從而縮圍聚殲之。

作戰經過

　　卅六年五月三日,當時主席蔣親飛濟南指示機宜,六日收復泰安,八日收復平陰、界首,十日收復萊蕪,此後戰事入於膠著。至七月中我再克泰安、棗莊、嶧縣,八月下旬膠濟線全線打通,九月初國軍於山東半島東部登陸,於月底克萊陽、黃縣,繼連克蓬萊、福山、煙台,惟不久濰縣復陷於匪,專員張天佐殉

城，膠濟路復斷。

戰鬥後狀況

　　萊蕪、泰安諸役中，我方雖在政治及戰略上有表面收穫，唯陸軍實力損失亦重，空軍損失陸空連絡電台二座，濰縣失守時空軍地面電台一座亦陷於其中，匪軍在戰略戰術上均有卓異表現。斯役之後國軍開始挫弱其在卅五年東北追剿期後所一貫自信之優勢與士氣，同時亦開始受地方上父老與政府中為地方請命之言論所羈絆，而牽制其軍力作全盤活用甚大，以致獨立據點之形勢愈險，而遭匪之逐個擊破，實堪痛心。

檢討

　　空軍通信在諸役中均稱運用靈活，迅速確實，雖其時裝備大部為利用受降日軍所遺，然在技術上充分發揮其性能，日人所遺之有限補給亦均予以充分使用，以當時水準言之，實較任何軍種為領先也。惟對保密方面未予充分顧慮，致有機密性需保持在八小時以上之軍情亦有時用無線電話傳遞。而空軍擁有三軍極優秀之人員，但對在戰區中作敵訊攔截與破密之工作則未多予發展貢獻，以自動施益於友軍，此與匪之雖無空軍但能善於運用並注意技術人才相形見絀。孟良崗役中我損失遺陸空連絡電台，其所用器材為極高週率種類者，當時國軍中視為最新銳之器材，以為非空軍未能運用，但之後不一、二月竟發現匪軍有冒充我軍電台出面與我飛機連絡，此乃證明二點，一為我方於事急時對器材破壞不澈底，致為匪鹵獲後仍可加以利用，二為匪對技術人員統制確實，前線後方處事迅速，雖新型器材亦能於短期中利用人能，即予運用而反予其敵人以打擊。

空軍第二通信大隊指揮系統表

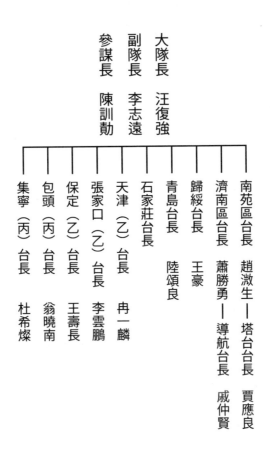

大隊長　汪復強
副隊長　李志遠
參謀長　陳訓勛

南苑區台長　趙澂生 — 塔台台長　賈應良
濟南區台長　蕭勝勇 — 導航台長　戚仲賢
歸綏台長　王豪
青島台長　陸頌良
石家莊台長
天津（乙）台長　冉一麟
張家口（乙）台長　李雲鵬
保定（乙）台長　王壽長
包頭（丙）台長　翁曉南
集寧（丙）台長　杜希燦

● **趙經煥**
作戰時級職：空軍第四〇六通信大隊少校三級副大隊長
撰寫時級職：國防大學校上校三級學員

作戰地點：上海
作戰起訖日期：38 年 4 月 22 日至 5 月 22 日

上海保衛戰

時　　間：民國三十八年四月二十二日至五月二十二日
地　　點：上海江灣機場
主官姓名：空軍總司令周至柔空軍中將

作戰經過
一、所任職務
　　空軍第四〇六通信大隊空軍少校三級副大隊長。
二、任務
　　奉令接替負責空軍總司令指揮所隨從電台工作。
三、工作概況
　　在奉令之初，係由台灣赴京接替任務。但不數日，國軍放棄難京，乃於四月二十二日由京空運撤滬，近黃昏時抵達。旋經面奉第三署毛署長指示：「略以全部通信網限於二十三日四時前完成，並恢復連絡」。遵即督飭員兵分頭趕架，依限完成，恢復保持各電路之連絡暢通，並經復命核備。其構成之情況如下：
（一）有線電通信
　　　　指揮所開設二十門總機乙座，構通指揮所內部電話連

絡，並與空軍第二二○供應大隊交換機增設中繼連絡線，以達成對駐防上海各空軍部隊之連絡。

（二）無線電通信

1. 電路

（1）設政務通信機二，分別構通台北及青島之連絡。

（2）航路對空機一，構通對各空運飛機之連絡。

（3）氣象抄收機一，專責抄收台北通信中心廣播之各時天氣報告與天氣預報。

（4）無線電話機一，專作指揮所與台北總部話機之連絡。

（5）印字電報機一，以構通報房與指揮所之局部連絡，減少人力傳送、電話傳報之時間。

2. 器材

航路對空機與無線電話機係使用 BC-610 四百瓦發射機，政務機係使用中電一百瓦及 BC-191 七十五瓦發射機，接收機則均屬超外差式者，性能良好。印字機係用 TG-7 型，連接有線電線路使用。

3. 工作制

採用二十四小時經常守聽制。隨呼隨應，並專機專通。

（三）工作經過

自四月二十三日○四○○時開始工作後，在通信情況上堪稱尚屬順利。尤以對空通信，以及對台灣之連絡，均能確保隨呼隨應。惟無線電話則因發射電力較小，在夜間或換波前後工作較為困難。維持至五月二十二日清晨，奉指示指揮所即轉移至機場辦公，遵即遷架有無線電電話，繼續維持原有通信電路。迨當日十一時許，復奉毛署長面示先撤不必要之人員器材返台，只保留一機工作。復於午後

二時許奉令全部撤往定海後轉台。

（四）工作檢討

1. 全部無線電通信，均能切遵空軍通信保密之規定實施。呼號係採用自備呼號，每五日配合週率換用乙次。機上連絡，使用業務簡語表。電台行政與軍訊傳遞，則分別採用不同之機密密碼本。故對於整個通信過程而言，當能達到通信安全之要求標準。

2. 工作全期中，通信情況尚屬良好，亦未發現有匪軍電台干擾，或冒用電台呼號作偽誘通信等情事。

3. 與民用通信配合密切，因當時空軍之長波歸航設施甚少，故於必要時，須利用民用廣播電台，作本軍飛機定向歸航之用。一經要求，均能迅速協助開放使用，足見軍民合作甚為密切。

4. 在工作期間，尤於指揮所無法容納較多之人員，雖須維持多機之工作，且工作房分散，深感人手不足，但每一官兵均能堅守崗位，加倍努力。尤以值得稱頌者，為機務員其中更有兩位女性工作同志，無論戰事如何緊急，生活如何艱苦，經徵詢其意見時，絕無表示先行返之意，誠屬可敬。

5. 本台雖迭受軍事逆轉影響，由京而滬而定而台數度轉進，但由於全台官兵之深明大義，忠貞不二，故從未有逃亡，或不願隨行之情事發生，誠為難能可貴。

● **王樹法**

作戰時級職：陸空聯絡組少校組長

撰寫時級職：空軍總司令部政治部空軍上校二級附員

作戰地區：昌濰膠東地區

作戰起訖日期：36 年 9 月至 10 月

參加昌濰膠東戰役經驗心得報告

一、昌濰戰役是由於共匪個個擊破，最後圍攻濰縣廿三晝夜，
　　終於陷匪，四十五師師長陳金城被俘，地方團隊指揮官張天
　　佐、副指揮官張髯儂殉國陣亡。計廿三日中，匪軍感於空中
　　威脅，每日黃昏至拂曉圍攻，白晝則退匿城郊三十里鄉村
　　內，其間因我陸空聯絡確實，夜間轟炸均能炸中所指示之目
　　標，據悉斃匪四萬餘人，因而匪退息三日重行佈置來攻，戰
　　況益趨激烈，先以三百名敢死隊衝入西南城角，被我張部全
　　部殲滅，二次以五百敢死隊攻入西北城角亦被我地方團隊殲
　　滅。在此時，余曾建議二綏區司令王耀武須速將四十五師之
　　一旅人調開，濰縣守責交於張天佐以專責權則必不致失，否
　　則下一次敢死隊必將攻入四十五師防地之東北城角而無法挽
　　救。彼時余雖負陸空聯絡重責，但對軍事佈署則人微言輕，
　　濰縣戰況之演變均如所料，終以國軍與地方團隊戰力權責不
　　統一而失敗。

二、由於濰縣戰役之經驗，國軍與地方團隊之比較如下：
　　地方團隊對當地人情風俗及地理環境熟悉，官兵皆為當地人

民，遭受共匪禍患，均有殺死之仇、奪妻之恨的報仇情緒，
所以地方團隊之組成，是消滅共匪保衛家鄉，他們不求待
遇，不問艱苦，只要達成殺共匪報家仇的目的，所以武器雖
劣，仍能個個拼命，對共匪係以你死我活的抱負拼鬥，所以
共匪最怕地方團隊。國軍情況則與地方團隊的本質、精神、
士氣等，雖挾有武器、待遇種種優越之條件，而對共匪的拼
鬥精神則遠差，故兩者相合，適足掣肘，例如事後據陸空電
台歸來之官兵談，我空投之彈藥、補給等，四十五師均不肯
發給張天佐，致使張部彈盡糧絕，最後張天佐自戕殉國，而
陳金城則靦顏事仇，於濰縣失陷後其家屬仍能在青島與其通
消息、送食品（為陸空組人員親見）。

三、膠東范家集之役，其經歷九晝夜，卒賴陸空聯絡始終未斷，
　　空中支援確實，守軍堅定而解圍。

　　緣第九師王凌雲部自鋸齒牙山南下追蹤匪蹤，九師成縱隊南
　　行，匪則隱伏於鋸齒牙山內兩路旁，準備我軍半渡時突擊。
　　時我野馬式戰鬥機二架跟蹤我軍行動，於空中發現我軍將入
　　伏，遂低衝向我軍告警。我隨軍陸空電台當即停止前進，架
　　機對空聯絡，獲悉匪情後緊急散開應戰，同時空援申請飛機
　　支援，六十四師回頭應救第九師得以安全南下，緊接六十四
　　師行至范家集即為流匪包圍，苦戰數日後范家集北面之紅
　　岩山竟被匪攻佔。至此戰況日劣，匪砲居高臨下向我集內轟
　　射，北上支援之第九師遲遲不進，由濰縣東出支援之四十五
　　師一旅渡濰河即中伏全軍覆沒，四十五師傷亡過半，幸賴對
　　空機得取空投燃料及菜油權充滑潤，此為惟一對外之通信聯
　　絡，藉此聯絡使我空軍竭力支援空中補給日夜不停，尤賴我

六十四師官兵多為粵籍，極富地方性之團結，師長黃國樑誓師百粵子弟個個奮勇堅守，我陸空聯絡參課亦為廣東同鄉，致能融洽無間，卒賴空投解圍。

四、心得

1. 天時不如地利，地利不如人和。紂有人億萬為億萬心，周有人三千惟一心，是以周武王伐紂而勝。昌濰、膠東諸役甚而整個山東的軍事，均皆失敗於地方團隊未被重視，富有地方性之軍隊如廣東人多的六十四師，東北人多的第十二軍皆佔有人和團結的優點，當然游雜部隊的地方團隊更比人和又多地利與天時，在山東地區之戰役實例甚多，不再贅言。

2. 一般陸軍官兵對陸空聯絡不重視，每多指揮官總以為「我不要空軍仍能打仗」。實則空中偵察或直接支援不單確掌勝算，且可提前戰勝時日（七三師攻昌、濰、樂為實例）。

3. 國軍通信裝備優良，未能充分利用，對通信實效尤不注意，如濰縣被圍，同一指示亦轟炸中重點之情報，午夜廿四時發出，在濟南陸空聯絡組接獲電報時轉請空軍指揮所派遣載彈飛機起飛，共需時四十分鐘，張天佐電台由省政府電台轉知陸空聯絡組需時兩小時，四十五師電台由二綏區轉送陸空聯絡組之同一情況之電報為六小時。計匪夜間圍攻，白晝撤退，午夜應轟炸之情報由空軍系統派遣之電台傳遞到飛機起後四十分鐘飛臨目標上空，也不過拂曉前午夜後的一點廿分，如接省府電台速度則飛機已可二次、三次出擊了。假如憑二綏區之情報傳遞，則翌晨六時，匪軍早已撤退不攻，我軍已失去轟炸目標，舉此一例，以應

我國軍今後陸空聯絡之教材實例。

4. 高級指揮官（綏區司令官以上之主管官）應視戰區環境
授權當地指揮官適宜佈署，不可固執己見鴛譜亂點。對
軍隊尤不可存偏見，你是嫡系部隊，他是地方游雜，如能
一視同仁量材取用，必佔不敗之地。固執偏見重視嫡系之
實例如東山戰役亦有之，但東山一役游擊攻左翼確為完全
成功，正面主力遠較左翼差的多，余於旗艦上親見游擊隊
V101 通信機始終未斷，指揮官與部隊隨時聯絡密切，主
攻部隊之電台搖扇乘涼，指揮官始終未能控制部隊行動，
終至延時誤事，幾陷不可收拾之境地。

氣象總隊

● **蕭強**
作戰時級職：空軍第一氣象大隊少校大隊長
撰寫時級職：國防大學校上校學員

作戰地點：瀋陽
作戰起訖日期：36 年 12 月 31 日至 37 年 1 月 7 日

瀋陽戰役

　　過去大陸剿匪，余未曾直接參加作戰，但所從事之空軍氣象工作，未嘗不與剿匪有關。民國三十六年二月余奉調為空軍第一氣象大隊大隊長，駐瀋陽督導所有空軍在東北地區大約二十處之氣象台測報氣象工作，彼時氣象大隊隸瀋陽空軍第一軍區司令部，司令為張廷孟將軍，副司令為易國瑞上校。余實際於卅六年五月中旬抵達瀋陽，不數日匪即將小豐滿輸電系統切斷，使瀋陽市區用電頗感不便，其後匪逐漸南竄，東北未陷匪地區頗為浮動不安，各處均流露悲觀失望現象，醉生夢死比比皆是。

　　三十六年十二月底，匪一部分竄抵瀋陽近郊，情勢相當危急。時瀋陽有軍用機場二處，一為北陵機場，一為東塔機場，駐有相當數目之戰鬥、轟炸及運輸飛機，詳細數字已不復記憶。渾河民航機場大約亦於十二月間開放供民航使用。秋後東北地區常有大雪，使能見度及雲幕高均降低，飛機因之不能出動，陣雪另一害處即機場因積雪而不能使用，清除機場積雪，不宜在雪後動手，須於降雪時隨降隨掃，否則雪繼續降落積壓成冰塊，便不能

掃去，清除非常困難。每一機場須於降雪前數小時召集民伕一、二萬名，準備掃雪工作，此等民夫係由瀋陽老百姓中徵集，徵集過早或過遲均發生許多問題，因此東北行營、空軍司令部及機場各方面對於準確預報降雪之開始及終止，非常注意。氣象大隊負有此種預報責任，余於天氣轉壞將降雪之前常接獲許多詢問天氣預報之電話。

當時空軍派駐瀋陽之氣象單位，除氣象大隊外尚有第十一氣象區台，區台長為楊春堂中尉，分駐北陵機場及司令部（在舊日租界大轉盤），另有第一〇六氣象台駐東塔機場。瀋陽方面辦理供應天氣預報由第十一氣象區台駐司令部部分人員負責，余有時亦直接參加指導工作。

余到瀋陽之後竟發覺東北天氣預報相當難辦，因資料太少，自包頭、張家口、赤峰、長春一線以北包括東北地區之西北部及外蒙均無一處天氣報告資料可供參考，如此缺乏資料之預報，自難望準確。為研究改進起見，乃召集所屬氣象官之較有經驗學識者研討，感認為對移動系統之天氣變化型式，可根據所獲稀少報告資料推斷，但必須具有見微知著的智慧，始能及時把握預報之機會。其次吾人擬定一種預報程序，吾人稱之為原因消除法，例如吾人將所有降雪之原因均列於一張表格上，預報時將各種原因參照當時資料所製成之天氣圖表，逐一將其消去，如可以完全消除降雪之原因，則預報未來若干小時不致降雪，此兩項辦法使吾人辦理預報獲得不少進步。

卅六年十二月底至卅七年元月初匪襲瀋陽時期，第一氣象大隊所作供作戰參考之天氣預報即係根據上述方法作業。十二月卅一日（大約如此，確實日期已不復記憶），正有一股寒流自西伯利亞傾瀉流入東北地區，該股寒流之前面形成非常明顯之冷面，

自東北方向至西南方延伸，由當日天氣報告已見該冷面正越過張家口。張家口風向東南轉為北及西北，天氣則由裂雲轉為密雲降雪，凡此均係顯示該冷面向東南方向移動。吾人乃根據當日天氣圖情況、冷面移動之速度，及該冷面至瀋陽之距離，參考張家口、包頭等處天氣變化情形，推斷預報該冷面將於黃昏左右經過瀋陽繼續向東南方向推進，下午及夜間降雪。似此活躍之冷面降雪或降雨之地帶在冷面之後，寬度通常只有五十英里至一百英里左右，冷面之前亦可能降水或降雪，冷面一經過去之後，十小時之內，天氣即將轉晴，在東北常常轉為碧空無雲，因此吾人預報次日清晨即轉晴天。當日於中午及下午將此項預報分別報告空軍軍區司令、副司令、第三處處長、作戰科及其他有關單位，據副司令易國瑞上校告知，東北行營亦注意當時之天氣情形，並詢問天氣預報，已將所作預報轉報。北陵及東塔兩處軍用機場已準備民伕掃雪，下午雪開始下降即行繼續清掃。

余記得當夜大約十時至十二時在司令部宿舍內，曾聽見機關槍聲，據云戰鬥即在北陵附近進行，馬路上陸軍調動頻繁，一派緊張氣氛。夜半雪停，槍聲亦寂，余等亦就寢。

翌晨起床見碧空無雲，余等之天氣預報尚不失敗，匪亦被我軍擊退，空軍亦以繼續出動，大家精神均覺爽快。九時左右易副司令電話告知，略謂昨日之天氣預報甚好，上峰甚為稱道，囑轉知本大隊人員以後更要努力工作。

空軍氣象人員不需參加直接作戰，但其工作則與作戰指揮官、飛行人員及參謀人員關係十分密切，氣象人員不分畫夜，廿四小時繼續工作，前線氣象台工作人員亦常有生命危險，過去大陸各省空軍基地陷匪，大多數氣象人員均能在其崗位上維持工作直至匪完全切斷通信為止。本大隊所屬瀋陽、北陵、東塔、長

春、錦州、山海關等處氣象台，均維持工作至最後淪陷，所有人員、器材均未撤出，至今生死下落不明。

余在東北工作凡一年三個月，三十七年七月底調回南京空總服務。余在東北工作之經驗心得，覺得陸軍、空軍苟能獲得相當可靠的天氣報告及預報資料，在作戰計劃及活動，較有明顯的直接的關係，因此空軍氣象業務之發展幾與空軍本身有同樣長久之歷史。陸軍應用氣象資料，似尚有待研究加強，今後兩棲作戰或空降作戰對氣象問題更不可不注意。

余到瀋陽始了解寒冷冰雪地區空軍基地掃雪問題之嚴重，準確預報降雪及雪止時間，非常有用，氣象人員對此問題宜多加研究。

預報戰區前線及敵人地區天氣，乃極困難之工作，由余在瀋陽之經驗，只要吾人肯多用頭腦，推斷研究，未嘗不可求得若干改進，目前大陸匪區每日均有天氣報告廣播，但將來國軍一旦登陸攻擊，匪即可能停止天氣廣播，為便利我爾後作戰，對前線天氣預報宜多注意。單點天氣預報為美軍二次大戰為適應前線需要之預報方法，尤值吾人取法學習。

匪俄軍民氣象機構均統一置於軍事管理之下，一方面合於經濟統一原則，而另一方面在戰時可以統制氣象情報，以免外洩，為敵利用，有其優點，值得吾人檢討改進。

高射砲兵司令部

● 譚鵬

作戰時級職：空軍高射砲兵第一指揮部少將指揮官
撰寫時級職：陸軍砲兵學校少將校長

作戰地區：上海浦東
作戰起訖日期：38 年 4 月 25 日至 5 月 5 日

上海保衛戰

今日是科學的群眾時代，戰爭的本質已由單獨的軍事行動，逐漸演變為全面性的總體戰，更由於近代人類思想發達，戰爭的方法和技術，千變萬化，日新月異，而戰爭的勝負，已非取決於純粹的軍事成敗，已是全人類所公認的事實了。

共匪一切師承俄帝，其叛亂的手段，當然不脫蘇俄的巢臼，以其軍事思想而言，可分為下列三方面的影響：

第一，就是全盤接受馬、恩、列、史、克勞賽維茨的理論，及蘇俄的軍事制度與戰術思想，以及學習北伐與抗戰的經驗。

第二，是受中國古代戰史兵法的影響很深，尤其對「農民叛亂」思想，以及孫子兵法的「知己知彼百戰不殆」的至理名言，反覆引用，特別強調「了解情況」，吸收孫子「先知」的精義。

第三，是運用其武裝叛亂以來的經驗和教訓，所以共匪在整個叛亂中，原則上是遵守「階級鬥爭」，「人民戰爭」的路線，著重的是游擊路線，和紅軍「割據」路線，演成軍是萬能的黷武主義。

　　匪軍以流寇起家，自民國十六年武裝叛亂起，至廿六年的抗戰前這一期間內，經過國軍五次圍剿及大流竄，已疲於奔命，奄奄一息，豈料利用抗戰坐大，及勝利後由俄帝把持，接收百餘萬日軍的裝備，遂至羽毛豐滿全面叛亂，形成燎原之勢，不可收拾。卅七年秋，我軍先後在東北及華北失敗後，繼續渡江南犯，向京、滬、杭三角地帶進攻，匪三野劉伯誠部攻陷京、杭後，續克江陰、揚州等地，並與陳毅匪部向上海方面進攻。當時上海守軍雖受其困擾，但經奮勇反擊，予匪以重創，使其進展遲緩，形成上海外圍之拉鋸戰，達月餘之久，四月底匪軍復著著進逼，上海三面受敵，至五月上旬，上海市郊正式接觸，激戰兩星期之久，我軍在楊行、月浦、大場間節節勝利，惜以當時上海外圍陸路交通受阻，援軍斷絕，同時滬西守軍不利，首被攻破，致失重心，堅持到五月廿五日，市區為匪攻陷，我軍轉進舟山，企圖反攻不果。

　　本人當時係擔任空軍高射砲兵指揮官，因當時共匪無航空武器，故未直接參加戰鬥，而於保衛戰開始不久，奉命調往廈門，故所知梗概，僅如上述，惟以過去對匪作戰經驗，及對匪軍的傳統戰法研究心得，略述於下。

　　匪軍在大陸淪陷前，無海空軍可言，陸軍在長久叛亂之歷史過程中，慣於運用正規戰與游擊戰之配合，長於以劣勢裝備對優勢裝備之作戰，對於欺詐、詭計、滲透與突擊，尤有熟練之藝術。由於共匪一向處於劣勢裝備下作戰，故多能講究隱蔽、機動及夜間作戰，以發揮其步兵之優點。韓戰後期，由於蘇俄裝備與技術之不斷援助，一方面仍保持其游擊戰與運動戰的特點，另一方面逐漸注意對堅固陣地之攻勢，特別講究砲兵之大量支援，反戰車防禦，及對空防禦之加強。近來對於新武器防禦與化學戰，

亦逐漸重視，對坑道作戰有相當成功，至其所應用之一般戰爭原則，與目前國軍無大出入。

共匪之戰略戰術，已於上述，並無獨特之處，所謂「知己知彼，百戰不殆」，以目前情勢就純軍事觀點而言，我軍在數量上略居於劣勢，故反攻大陸之作戰，不可處處由正面前進，與步步戰爭，以免曠日持久，徒耗戰力，必須盡各種方法，將戰爭帶至敵人後方，使其力量分散，形成處處設防，處處薄弱的局勢，而予以致命之打擊，更須利用敵人一切矛盾，因利乘便，滲透潛伏，先期本黨播下反共種子，以有力之政治號召，使之反共力量，到處生根，繼之發展組織，掀起敵後人民革命高潮，配合國軍主力反攻，依「三分敵前，七分敵後」之指導要領，而收革命戰爭「以寡擊眾」、「以弱勝強」之豐碩戰果。故反共抗俄戰爭，必須注意組織戰、謀略戰、情報戰、心理戰與破壞戰等，充分發揮政治與軍事之智謀，以收先聲奪人之效。

為達到上述作戰的目的，必須遵守總統所指示的黨政軍聯合作戰的要領，使黨政軍在戰鬥上融為一體，以發揮高度的統合戰力。

總之，反共抗俄的革命戰爭，必須以三民主義為靈魂，以政治為號召，以軍事為重心，以民眾為支援，聯合黨政軍統合力量，實施有效的總體戰，始能完成時代所賦予吾人的神聖使命。

● 李品三
作戰時級職：空軍高射砲兵第二團上校團長
撰寫時級職：台灣省保安司令部舊港聯檢組上校組長

作戰地區：上海

作戰起訖日期：38年4月至6月止

上海戰役

　　自抗戰勝利後，出賣國家民族的朱毛匪幫顛覆政府劫奪政權的陰謀日益顯著，政府為顧念人民積苦，國家元氣未復之前，雖一再容忍，希圖通力合作，重建家邦。無如朱毛匪幫狼毒野心，憑藉外力，不達到奪取政權之目的，其顛覆政府的暴亂行為一刻不肯放鬆，我賢明的領袖蔣公洞察其奸，乃決心作戡亂之措施，重新部署。余於三十七年十二月接長空軍高砲第二團，駐防杭州、上海、南京等空軍基地，維護機場之安全，並防止匪諜對機場之破壞活動。至三十八年四月間徐州棄守，整個軍事局勢日趨惡化，京滬一帶已接近戰火邊緣，本團奉命將所有重兵器團部及直屬部隊，與一、二營轉進廈門，三、四營攜帶輕武器，仍留駐上海掩護機場，在上海戰事緊張之際，余曾去上海巡視並與空軍協調，在必要時配合空軍轉進。惟上海失陷時之前一日，空軍緊急撤退來台，將第四營之兩個連未予全部搭載，致有大部分官兵失蹤。至六月間長江流域，如上海、南京、漢口等地已先後棄守，福建亦臨緊張狀態，本團又奉命全部轉進台灣，駐防屏東，擔任機場警衛，並乘機整訓督導台灣南部高砲部隊（嘉義至屏東）。至四十年二月因人事對流關係，調空軍高砲司令部監察

官，接任團長為朱邦熙。但本團自三十一年在貴陽成立，由曾蔭槐氏任團長，轄三個營，余當時任第三營營長，分駐陝西、雲南、廣西等地，擔任防空任務，第三營駐桂林，頗有戰績。第二任團長由楊煜民氏接長，因戰略上之需要，擴編為四個營，擔任開封、徐州等機場警備任務，以至由本人接長後之精歷，雖未直接參加戡亂諸役，而本黨遭致失敗之責任，自不能辭其咎。不過以管見所及，感覺本黨失敗原因固多，而軍事部署之落入敵人圈套，處處立於被動，時常受敵之攻擊，尤其一般將領，多懷觀望保全實力本位主義太深，致被敵人各個擊破，部隊與部隊之間，隨時陷於孤立，百萬大軍，不數月間，悉遭匪軍殲滅，不能痛心疾首，今後吾人一旦反攻大陸，應本萬眾一心，同舟共濟，庶不踏前此失敗之覆轍。

部隊編制裝備與實有兵力比較表

部隊番號：空軍高射砲兵第二團

編制數		實有數	
官	241	官	215
士兵	2,475	士兵	1,936
火砲	44	火砲	41
重機	28	重機	28
輕機	44	輕機	41
步槍	1,644	步槍	1,042

部隊於上海戰役參戰及傷亡人馬數目統計表

部隊番號：空軍高射砲兵第二團
作戰日期：三十八年五月廿五日
作戰地區：上海江灣大場機場

	官	士兵	小計
參戰數	88	1,188	1,276
受傷	6	19	25
失蹤	14	149	163

● 　張雪清
作戰時級職：空軍高射砲兵第二團第一營中校營長
撰寫時級職：空軍高砲司令部督察室上校副主任

作戰地區：福建廈門

作戰起訖日期：38 年 4 月 12 日至 7 月 15 日

保衛廈門戰役

一、概述

　　民國三十八年四月匪軍自津浦線南竄，偷渡長江，有佔領南京、威脅上海，藉以摧毀我政治經濟中心，打擊我戡亂民心士氣及削減我國際聲譽之企圖。

　　斯時領袖有預備坐鎮廈門之計劃，先派石祖德將軍為司令，成立廈門警備司令部，佈署閩南防務，並負責督導廈門鼓浪嶼治安任務。

　　余當時任空軍高射砲兵第二團第一營營長，奉令率部協同本團第二營隨團由滬調赴廈門參加該序列，擔任掩護廈門機場及市區（含鼓浪嶼）之防空並對地（海）火力支援之任務。

　　本營由營部及第一、二、三，三個高砲連組成，實有官兵共約五百一十餘員，配賦俄式七‧六二公分高射砲十二門，美式一‧二七公分高射機槍十二挺，於四月十日抵達廈門港卸船後，即在機場附近及市郊偵察陣地，於十二日佔領陣地架設通信網，完成射擊準備，嚴陣以待，由於防禦力量之堅強，空中及地面匪軍未敢來犯，迄七月十五日本營奉命調台駐屏東潮州鎮整訓。

二、作戰前之狀況

我空軍高射砲兵第二團隸屬空軍高射砲兵第一指揮部（指揮官譚鵬少將），下轄四個高砲營，團長李品三上校率第一、第二營駐防廈門擔任任務，副團長石光一中校率三、四營則奉令留上海參加保衛戰，掩護江灣機場，當淞滬開始緊張後，廈門則已成後方區域，機關團體及人民來廈疏散者甚夥，廈門無出產，其市面繁榮全賴僑匯維持，人口驟然增加，更使生活必需品供求上大為失去平衡，故生活程度之高，超過上海數倍，貨幣貶價，市面流通者多為美鈔、港幣或銀元，幸因戒備週嚴，社會秩序尚屬安寧。廈門距台灣僅海峽之隔，台廈海空運輸頻繁，故廈門實為當時重要基地之一。

三、我軍作戰指導

本營當時奉令駐防廈門，參加廈門警備司令部防衛序列，賦予本營任務為「佔領機場附近及市郊陣地，嚴防匪軍空中偷襲，確保領空安全，並適時對地（海）火力支援」，本營運用強大火力，佔領陣地，以擊滅匪軍於領空（海）之外，鞏固廈門機場及市區之安全。

四、作戰經過

由於廈門防務堅強，匪軍當時未敢來犯，除提高警覺，加強戰備外，與匪軍無何接觸。

五、作戰後狀況

保衛廈門戰役中，因當時防務堅強，匪軍未敢來犯，故未與敵接觸，本營奉令於同年七月十五日調台整訓，至此參加廈門保

衛戰遂告一結束。

六、檢討

　　本營在抗戰期間，擔任昆明防空任務，曾擊落日軍飛機多架，創輝煌戰績，戡亂後由徐州而南京而上海至廈門均未正式與敵接觸，至感遺憾。

　　本營裝備笨重複雜，當時以軍運頻繁，難得理想之運輸工具供應，歷次海運全係利用商輪，故裝卸及放置均甚困難，全賴發揮克難精神，作人力之運用。

　　戰時生活本屬艱苦，而尤以廈門地區，人口亦多，當地毫無出產，生活必需品供求失去平衡，更足以增加官兵物質生活之清苦，來台後已獲改善。

● 金如仁
作戰時級職：空軍高射砲兵第二團第三營少校營長
撰寫時級職：空軍防空學校教育處中校教官

作戰地區：浙江杭州

作戰起訖日期：37年12月1日至38年5月

戡亂杭州戰役

　　余於民國三十七年十二月一日奉命接長空軍高射砲兵第二團第三營，時部隊駐軍杭州筧橋，擔任機場警衛。營轄三個連，全營編制人數五百八十餘人，4cm高砲十八門，1.27cm高射槍六挺及自衛武器367枝。

　　杭州筧橋雖然我空軍訓練基地，因地勢關係，環境單純，惟對警衛任務則異常複雜。三十八年初，部隊奉調上海大場接任該機場警衛，時局漸趨惡化，為維持警衛之嚴密，機場之安全，常與任防大場之陸軍第五十一軍切取連繫。至四、五月間，情勢更趨危急，匪諜大肆活動，破壞、誘騙、脅迫，事端層出不窮，迭接匪之無名誘騙及脅迫信件，計有七通之多，其內意盡是謊謬言論，詆毀我政府，但其中使我最注意的，不用我的官名而用我的乳名，憶我乳名除在履歷上載有以外，誰也無人稱呼，由是對我行動益加警惕矣。

　　當時局勢已趨惡化，部隊重裝備已由團部開駐廈門時已撤走，留存者僅為輕武器，余之準備隨時參與作戰，故對人員統御與掌握除言行加以特別控制注意外，思想上著重個別考核與精神訓練，另外運用小組法以控制言行與加強調查。

同年五月十五日以後，一部分部隊撤守江灣機場，留於大場僅一連兵力，當時戰火熊熊，尤其夜間砲火更為明晰，但官兵大部均能鎮定沉著，最初雖有小數士兵表現慌張，經余奮智一呼告以有敵無我、有我無敵，好革命軍人應做中流砥柱，投陣變節為革命罪人，此時官兵益為振奮，意志均趨堅定，乃無一人逃亡。由此可見部隊在戰況越至緊急，官長應身先士卒，生死與共，則軍隊之團結益趨強固矣。

五月十八日部隊奉命乘輪轉進台灣，在高雄登岸，奉派擔任屏東機場警衛，此係於在大陸任營長經過情況。

● **張彰**
作戰時級職：空軍高射砲兵第二團第四營中校營長
撰寫時級職：空軍高射砲兵第七團中校副團長

作戰地區：上海江灣機場
作戰起訖日期：38 年 5 月 25 日至 28 日

上海保衛戰

一、概述

　　本營當時番號為空軍高砲二團第四營，下屬第十、十一、十二，三連，人員實有官兵四百五十餘員，主要裝備美式四公分高射機關砲十八門，車輛缺乏，僅有少數車輛由團部集中統一調配使用，故營未撥配。

二、作戰前之狀況

　　本營在作戰前，曾於民國三七年十二月中旬，由杭州奉命率所屬第十一、十二兩連隨空軍官校移防進駐台灣的岡山，第十連仍留駐杭州。至民國卅八年三月下旬，共匪將渡江進窺我京滬時，後調防上海，並就駐岡山之連奉命撥予原駐上海之高砲第五團第四營，而該營之第十一、十二兩連撥予本營對調，至本營部及人員復由岡山出發至滬與該第四營部互換防地。本營部到達上海後，即與本部第三營共同擔任大場機場之防空及地面警衛任務，迄至共匪渡江上海情勢緊急之時，本團部即率第一、二營移防廈門，仍留第三營及本營繼續擔任大場機場防空及警衛任務。後以共匪竄抵滬郊，大場機場已受匪威脅不能使用，與第三營一

同奉命轉進至江灣機場，接管空軍警衛團之對地警衛任務，並屬空軍第十大隊之指揮。未幾上海情勢日趨緊張，而本團第三營又復奉命率所屬各連及本營第十連，並將所有重武器撤離上海轉進台灣，本營營部及所屬第十一、十二連仍留江灣機場繼續擔任警衛。又未幾，江灣機場情勢告急，本營又奉命將營部及所屬第十一、十二兩連不必要之人員裝備全部轉進台灣，並由第十一、十二兩連中挑選一百五〇名精幹官兵，僅攜輕武器及隨身行李繼續擔任機場警衛。在此期間，匪軍在滬四郊活動頗為積極，尤於每日晚間向我守軍襲擊更為猛烈，敵我雙方槍砲之聲震天裂地，直達天明，我空軍出動後始趨平靜，如是情形幾達半月之久，但我部因擔任機場之警衛，敵未能侵入機場，而部隊始終與敵接觸。直至五月廿四日午後，前空軍總司令周至柔將軍因離滬至定海到機場乘飛機，在未起飛前，特召集駐機場之各級主管面示機宜，且勉以各盡職守，服從命令，並詢及本部隊在必要（任務完成）時之轉進計劃及準備情形，當即答以由空軍第十大隊派給本營 C-46 運輸機四架專作擔任警衛官兵緊急轉進時運輸之用，日夜均停在本營營門塔台後背。本部官兵並曾作情況緊急時分批上機動作及警衛崗位應先後撤收次序等之演習。在通信連絡方面又特別規定，如通信中斷命令部能傳達時，即依機場飛行管理室之信號採取行動：如第一次紅色號，營機場外圍（第一線）警衛官兵撤至機場內（第二線）位置，第二線官兵即撤至跑道週圍（第三線）位置，第三線官兵即上第一架飛機起飛。第二次黃色信號，第二線警衛官兵撤到第三線位置接管第三線官兵之警衛，第三線警衛官兵即上第二架飛機起飛。第三次綠色信號第三線警衛官兵與營部官兵即分別上第三、四兩架飛機起飛，如此則本部擔任警衛之全部官兵（一百五十員名）即可安全撤離機場。當時周

上將（總司令）認為以上處置滿意並慰勉有嘉，並當時在場者有空軍總部前作戰署長毛瀛初及供應部前副司令孫桐崗，以上係五月廿四日午後經過事實。

在過去十餘日，每至黃昏後我空軍活動停止時，匪軍即大肆蠢動，尤其是在浦東方面戰況特別猛烈，槍砲聲光無刻停止，直到天明始告平息，惟於五月廿四日晚上情況忽趨沉靜，僅偶爾聽到稀疏之槍砲聲音，當時情況判斷可能係匪軍已潰退，因情報不靈，僅靠機場偶爾供給少許匪情，至於敵我雙方兵力、態勢、動向究竟如何，根本無從獲得確實情況。

至五月二五日晨朝霧彌天，我空軍亦未如往日拂曉即行出動向匪攻擊，更以為匪定必遠逃，在晨六時四十分左右，忽接孫副司令桐崗電話囑「即前往有要事面告」，當即前往晉見，據面告「本日我機場準備撤退，預定在午後三時前將機場所有重要物資及人員全部撤退完畢，該營之警衛官兵在下午三時後即按預定轉進計劃步驟分批上機啟航到定海，本日禁止官兵外出並積極準備候令行動」。奉孫副司令之面諭後即返營部召集所屬第十一、十二連王、陳兩連長，將上情祕密告知以作準備。

三、我軍作戰指導

本營擔任機場警衛勤務，其主要任務在確保機場內人員物資及設施之安全（在機場未撤守前）。

四、作戰經過

在五月廿五日晨七時半左右，在機場附近之侯家灣車站處忽聞有砲聲音，當時不知是我軍砲兵向匪方轟擊，抑匪砲向我方射擊，正在進行調查之際，在距離機場約千餘公尺處（供應司令部

附近）又聞有砲聲數響，並見有房屋倒塌塵土飛揚。此時適孫副司令來電話詢問是否匪砲向我方射擊？答：「以情況判斷可能是匪砲向我方射擊，並即派員前往現地偵察」。經偵查結果確係匪砲向我射擊，正擬將偵察結果報告孫副司令之際，忽聞機場內飛行管理室附近有砲彈爆炸聲音，當即前往察看。方出營部接聯又有十餘發砲彈落於飛行管理室及機場跑道等處，此時機場秩序即形大亂，所有飛機（C-46、B-52、F-51 及蚊式等各型飛機約卅餘架）亦紛紛起飛，人員亦爭先恐後搶上飛機，未幾機上飛機之人員既東逃西竄，實狼狽緊張之情形殊非言喻。此時電話通信全部中斷，各方之聯絡全失，負責空軍之指揮官孫副司令、負責機場之指揮官楊大隊長榮志亦不知去向，大有群龍無首之概。

　　本部擔任警衛之官兵，當時因未奉到上機之命令及信號均仍固守警衛崗位，力盡職守。

五、戰後狀況

　　在匪砲火中止後，當即集合本營官兵清查人數，尚有官兵一百廿四員名，餘廿六員名失蹤，後經察覺內士兵三員被匪砲擊傷，二員被匪砲擊斃，其他廿一員下落不明（姓名均已遺忘），武器損失共計卡柄槍廿六枝、子彈二千六百發。人員武器清查完畢後，即指揮加強警衛重新部署，並將機場內之閒雜人等（機場作工之民工）一律驅出機場之外，重新恢復機場內秩序，惟通信設備因遭匪砲破壞過鉅，始終無法修復，以致與各方聯絡完全中斷。機場秩序恢復後即靜待我機之降落。殊由上午十時起一直等到下午五時半許，忽聞東南上空有機聲，均以為接運我部之飛機至也，莫不歡欣鼓舞，迄該機飛達機場上空時果係我機，但非運輸機而是 F-51 戰鬥機四架，在機場上空盤旋一週後並未降

落，且即分別俯衝向機場之油彈庫及設施投彈掃射，油燒彈炸，巨大聲光直達雲霄，見我任務已完成，當即率部撤離機場。

六、檢討

（一）此次中本部隊因擔任江灣機場之警衛勤務，在我機場未撤守前，匪軍從未接近我機場警衛區域，故除遭匪砲射擊外，始終未與匪接戰，而於匪軍一貫戰法，如鑽隙滲透、人海戰術等狠毒手段，早已洞悉而有對策之準備。

（二）此次戰役中，本部隊擔任之警衛勤務，雖在極端艱困環境中，官兵均能發揮高度之革命精神，克服一切困難，不眠不休，勉力達成任務。

（三）在此次戰役中深深體會到我軍今後應行改造事項：

　　1. 指揮官位置轉移時，務必飭知所屬，才不致上下失去聯繫。

　　2. 敵情任務如有變更時，務必飭所屬知照，所屬才不致無所適從。

　　3. 部隊任務之派遣，務必按部隊之專長特性適情派遣之，才能勝任悅快不致有誤。

　　4. 部隊任務之派遣，非萬不得已務求勞逸平均，才不致影響士氣。

　　5. 部隊之任務派遣，非萬不得已時不能捨近求遠，以免疲勞兵力。

● 曾叔倫
作戰時級職：空軍高射砲兵第三團第四營中校營長
撰寫時級職：空軍防空學校教育處上校教官

作戰地區：河北省北平

作戰起訖日期：36 年 3 月 1 日至 38 年 1 月 27 日

北平戰役

　　茲謹將余於空軍高砲第三團第四營營長任內參予保衛北平戡亂戰役詳歷陳述於後。

一、本營之番號編制員額沿革概況

　　本營原屬砲兵四十一團第四營，自三十六年三月一日改編為空軍高射砲兵第三團第四營，全營共轄戰鬥連三，官長四十員，士兵六百五十員，裝備以三七高砲十八門，一‧三○高射機槍十八挺，步槍三百餘枝，輕機槍十二枝，卡炳槍五只，撥殼槍（快慢機）八只，車輛大部集中團部，營內僅十輪卡車二輛。團長係李上校銘，前任營長係唐少校鼎，自改編為本軍後，余係首任營長，來台後，部隊番號奉令保留，而人員則分發高砲各團矣。

二、作戰前之狀況

　　於三十七年十一月中旬太原被圍，張家口吃緊，四平街失守，錦州爭奪戰，匪軍對北平採取弧形包圍攻擊之態勢已彰然顯著，故時逾半月錦州失守，瀋陽已陷於完全孤立態情勢中，不數

日東北重鎮之瀋陽旋告陷落，此時民心浮動，士氣低沉，幾已呈普遍現象，此種異常惡劣之氣氛何以鑄成之，其主要因素是由毛匪利用三人小組施行和談協談商攻勢與青年學生思想偏差，顛倒是非，皂白不分，致影響整個戡亂之情勢。

三、作戰經過

　　於同年十二月十二日午夜，匪軍與我防禦部隊先由北平西山之陽發生前哨戰，翌晨我營部已有匪軍砲彈著落，本團第二營亦駐防城之西郊，營長係張述載少校，余負責該地區作戰統一指揮之全責，是以當時一面飭屬竭力抵抗，一面請示團長李上校銘，但團長終日未見人影。午後五時不僅未見團長，其他人員亦寥若晨星，僅有團值星官李向陽上尉留部內。斯時除剿匪總部一部分急速由城內向城外開拔外，其他未列入戰鬥序列之特種部隊均紛紛逕向城內轉進，加以扶老攜幼，由郊區直奔城內逃難者更無計其數，致四周城門之擁擠已成水洩不通之狀，更加敵我震耳欲聾之砲聲，呼爺喚子之喧嚷聲，當將整個北平陷於極度混亂之狀態。余此時心情之憤慨實非筆墨所能形容於萬一，蓋保國衛民乃革命軍人之天職，此為人所盡知者，無如在此形勢緊急之秋，為人長官者不僅對部屬未盡作戰指揮之責，且與團部人員相率隱匿無蹤，置部隊於不聞不問，若所有部隊長均如是，則匪亂將永無可戡之餘地。正值無所適從之際，團值星官將數日前軍區司令部移防命令一紙懇予便帶回營，余乃得以此為據，立令所屬將笨重裝具急速利用每營僅有卡車兩輛搶運，火砲器材除一部分仍用僅有車輛運輸外，其他部分則用人力挽曳，採取個個躍進方式，迄晚十二時，所有人員、武器、被服、裝具始獲安全轉進於團部集中。我團南苑駐防之一、三營在副團長許上校馨階指揮之下，

亦向團部集中，此時得悉第一營營長劉登嵩已單獨脫離部隊逃走矣！翌日凌晨團長不識於何處返回團部，於十三日正值形勢萬分緊急之際，團長行動不便詳述，總之並未盡到指揮之責，反利用其調升副指揮官之機，在匪圍城旬日內乘機飛京，因而大事自我宣揚謂：「此次本團能安全撤入城內，即使一兵一卒一砲一槍均係其親自指揮者，尤以駐西郊部隊若非渠親自指揮，只望曾營長處理此種局面，則兩營武力必將完全犧牲」云云，居然矇蔽長官顛倒是非，誠而獲得由上校晉升為少將副指揮官，誠堪一嘆！

自轉進團部集中後，本團奉令列入華北剿匪總部戰鬥序列，歸該部砲兵指揮部指揮，復因李團長奉調離平後，原副團長許馨階上校接替團長職務，余則奉令兼代副團長職務，專司全團作戰之責。本團一、二營用日式八八砲擔任城防任務，共計二十四門大砲均部署於城牆之四週，以對匪軍野戰部隊之射擊。三、四營分別擔任城內新闢之天壇機場與東單機場對空、對地之警戒任務，當時與匪軍直接作戰起，迄停戰止，為時月餘，官兵生活雖幾陷絕境，每日以鹽水荷飯而食，然士氣極為高昂，終日砲聲隆隆烽火連天之情勢下，不僅毫無畏敵怯戰之表現，且均能有漢賊不兩立、忠奸無並存之想法以應戰，余負全團作戰之重責，縱至宵衣旰食，對作戰督導與指揮胥未稍懈，以達不成功便成仁，誓與北平共存亡，獲剿匪總部之嘉許者再！不憶正值戰鬥意識高張士氣旺盛之際，無恥之傅作義因天津失守，迅即向匪酋林彪、聶榮臻、葉劍英定下屈膝投降出賣國家民族之和平條約。惜乎歷代名城華北重鎮，為其犧牲無數頭顱血汗，初未料不旋朝拱手陷敵，至影響整個戡亂戰爭前途難以數計，凡稍有血性良心者，無不對傅賊深惡痛絕，大有寢其皮食其肉為快之慨，蓋彼不僅係整個國家民族最大罪人，即對領袖以往優渥拔擢之德意盡付東流，

言念即此，實不勝其悲痛也。

四、戰鬥後之狀況

　　自傅賊變相投降後，深以殺賊報國之志未遂，成功成仁均成泡影，引為此生無可彌補之缺憾。是以當時雖經砲兵指揮部之李高參利用其職權之便施行各種威脅利誘，余以伯夷、叔齊尚且恥食周粟，豈能背義地勤向敵稱臣而自取辱耳，乃於三十八年一月二十七日不顧一切，以副團長身份率領本團營長以下官長一百三十餘員，軍士六十餘員，眷屬四十餘人（余眷早已離平赴長沙岳家）乘本軍飛機飛滬，迄三月一日始乘輪來台，駐於嘉義水上鎮，至六月初始奉命分發各高砲部隊。在此整訓待命以及途中跋涉為時將近半年，既無薪俸又缺眷糧，且每日之朝會升降旗操課未嘗稍怠，毫無怨尤，余之友好每以此為奇，稱余曰「能」，其實並非余有若何特殊能力，純係領袖精神威名有以致之。尤所幸者，所有官兵眷屬皆屬志願投奔自由中國，效忠領袖與國家，始有在萬分艱苦而無半點敗紀亂型之優良表現，亦始能對各高砲部隊樹立良好根基。不然在此含辛茹苦之際，稍有隕越不僅難辭領導無方之咎，又何以能對我崇高之領袖。是故自大陸來台距今八載有幾，為時不為不久，而此種記憶猶如昨日之新，前事不忘後事之師，為人長官者僅需在領袖精神感召之下，廉勵自持，身體力行，決能完成革命軍人固有任務。

五、檢討
（一）戰前檢討
　　　1. 一般情勢
　　　　　於三十七年十一月間匪軍已取對北平弧形包圍之攻擊

態勢，傅作義應即時運用攻勢防禦之戰略為是。

2. 本單位情勢

不論裝備編制以及作戰部署均不足理想遠甚，尤以車輛裝備原已不適作戰要求，尚將現有車輛集中團部而每營僅有卡車兩輛，當不敷戰時之用。

（二）作戰時檢討

1. 通信

通信器材既極度缺乏，而通信網之構成距作戰要求更屬過遠，影響指揮聯絡情報蒐集更加困難重重。

2. 裝備

車輛太少，對機動作戰靈活運用之目的影響頗大。

3. 指揮

為人長官者，作戰時應親臨指揮，使部屬有所遵循，絕對不可臨陣反隱匿不在，事後反矇蔽長官，將部下之功蹟稱為己有，不僅影響軍心士氣甚大，且有辱官常，若當時余不斷然處置，西郊二四營必然被殲無疑。

4. 獎懲

功過不分，是非不明，此為部隊作戰最大忌諱，此次作戰既有戰時不負責之長官，又有臨陣脫逃之營長，迄未見有何懲處，來台後反獲晉升獎勵，而忠心耿耿一心一德，出生入死艱苦備嘗者，來台後不僅毫無獎勵以勸善，反處處予以打擊，乃致一籌莫展者比比皆是，此條與反共抗俄前途至關重要，乃瀝陳所見以供層峰參考，非故飾其詞捏造事實以博長官之賞識與獎勵，而實為今後作戰對獎懲公允與否，影響反共抗俄第三革命任務至為重大，故也。

（三）戰後檢討

    1. 適切指導

        余能率部順利離平輾轉跋涉安全來台，皆有賴於當時代理二軍區司令職務之傅上校，亦即目今防校校長，以果毅之態度予以明確指導方針，始得與我空軍高砲部隊保留一部基幹。

    2. 領袖精神感召

        來台後官兵二百餘人，既無薪俸又無眷糧，而能照常操課與升降旗從未稍怠，經時半載而無一人觸犯軍風記者，實由領袖精神感召有以致之。

    3. 實踐篤行廉勵自持

        余以代團長身份與我官兵甘苦共嚐，凡事必躬親，實事求是，無論金錢給養無不公諸大眾，乃致所有官兵眷屬皆能一心一德精誠團結，共赴時艱，靜待分發完成使命。

● **張星源**
作戰時級職：陸軍砲兵第四十二團陸軍上校團長
**　　　　　　空軍高射砲兵第四團陸軍上校團長**
撰寫時級職：空軍高射砲兵司令部陸軍少將司令

作戰地區：武漢三鎮、上海
作戰起訖日期：35 年 6 月 15 日至 37 年 12 月 31 日

武漢及上海戰役

一、概述

　　民國卅五年六月於抗日任務完畢後，余率陸軍砲兵第四十二
團團部及第一、二、三、四營集中武漢三鎮實施整訓，旋以
華中一帶匪亂猖獗，尤以大別山區之零星股匪，時向武漢外
圍竄擾，其偽裝份子，不時在附近鄉鎮出沒，因以影響市區
治安。此際對空中敵情顧慮甚少，故本團除配合武昌、漢口
兩鎮之軍警加強該兩地之治安外，並率主力駐防漢陽，余即
奉命兼任武漢警備區漢陽區警備指揮官，自卅五年七月即開
始執行維持治安之任務。至民國卅六年四月初，本團即改編
為空軍高射砲兵第四團，並於當月底奉令移防上海，除以三
個營之兵力分別擔任江灣、大場兩空軍基地之防空及地面警
衛外，並以團直屬連及第四營之兵力擔任張華濱、吳淞鎮
一帶之治安任務，直至卅七年底，余奉命調升空軍高射砲
兵第二指揮部指揮官，繼於卅八年初奉令率部移駐台灣。

二、作戰前之狀況

　　民國卅五年朱毛匪幫，在華中及華北各地大舉武裝叛亂盡量破壞水路交通，殘殺無辜同胞，並在我後方各大都市擾亂金融，煽動無知份子，製造不幸事件，匪諜份子分向社會各部門加以滲透，陰謀破壞社會秩序，散佈謠言，造成人心不安狀態，我國軍亦全面展開戡亂之戰，並加強各大都市之治安，本團除利用各種手段提高士氣外，並密切配合當地軍警及地方武力，以鎮壓匪偽份子之活動，保障駐防地區之安全，以應全面戡亂之要求。

三、我軍作戰指導

　　（一）武漢方面

　　　　　卅五年六月底，本團所屬各部隊集中完畢後，隨即依據敵情研判之結果，認為對空作戰之可能性較小，故即著眼於對地面之敵作戰，當時由團向當地友軍取得協調後，釐定對地作戰計劃，其計劃要點如下：

　　　　1. 構築駐地附近要點之防禦工事。

　　　　2. 會同友軍及憲警清查駐地附近之戶口。

　　　　3. 對友軍支援作戰之協調等，至同年七月奉命兼任漢陽區警備指揮官後，本團所有兵力亦即奉令兼服警備任務，隨即依任務配合當時之敵情，及警備區之環境另行釐定作戰計劃，其指揮要點如下：

　　　　（1）本團各部隊及轄區地方武力之編組。

　　　　（2）治安區域之計劃。

　　　　（3）襄河船運安全之維護。

　　　　（4）長江及襄河各輪船渡口安全之保障。

（5）市區治安之維護。

（6）加強各重要設施之警戒。

（7）機動部隊之編組及其支援之要領等。

（二）上海方面

本團自卅六年四月奉令移防上海，隨即以最迅速之方法將武漢之防務移交，到達上海後，奉令以一個營之兵力駐防大場機場，以兩個營兵力駐防江灣機場，分別擔任該兩基地之防空及地面警衛，團直屬連及一個營駐防張華濱與吳松鎮之間，擔任該地區之治安維繫，團以到達之初，依當時之任務，釐定作戰計劃，其指導要點如下：

1. 在機場各目標上空構成嚴密火網。

2. 構築對空對地射擊之兩用工事。

3. 各交通要道及重要設施配置警戒。

4. 相互間之火力支援。

5. 空地聯合作戰之協調。

6. 對友軍地面協同作戰之火力支援等。

四、作戰經過

（一）武漢時期

1. 漢陽地區

本團以勤務連及第三營為基幹，連同當地之地方武力，除編成一部混合機動部隊控制於團部附近外，其餘兵力分別編成六個巡邏隊及六個檢查組，依漢陽區之狀況，分別擔任市區之巡邏及戶口檢查，與水路交通之檢查，使奸匪份子不敢妄逾雷池一步。

2. 漢口方面

本團第二營營部率第四、五兩連,駐防橋口機場擔任空地警戒,並與漢口空軍基地密取連繫,機場各重要設施配置嚴密警戒網,使該基地保持安全,該營第六連駐防劉家廟,以第二排擔任武漢行轅高級長官眷區之警戒,第一排擔任黃家敦附近之國防部通信器材總庫建築工程之警戒,第三排則配合友軍擔任劉家廟車站交通警戒,並對劉家廟以北地區複雜地形,不斷加以搜索。

3. 武昌方面

本團第一、四兩營駐防武昌,當時以該地之友軍甚少,故武昌市區邊緣一帶之警戒,大部由該兩營擔任,並隨時對蛇山一帶加強巡查,使該區域之地方治安得以確保。

(二)上海時期

本團於卅六年四月移防上海後,以第三營駐防大場機場,第一、二兩營駐防江灣機場,該營等均與空軍基地指揮官取得密切連繫,除配置對空警戒陣地構成空中交叉火網外,並在各機場之外測構築要點防禦工事,以少數兵力擔任各機場外圍村落之巡查;同時第一、二兩營各一部兵力會同友軍對虬江碼頭一帶之巡邏,使潛伏該兩地附近之奸偽份子,無法活動;團部直屬各連及第四營駐防張華濱,該地接近吳淞鎮,且其附近工廠林立,環境複雜,駐吳淞鎮之傷兵不時滋事,易受奸偽份子之擾亂,團部針對當時狀況,對附近村落隨時會同憲警清查戶口,並以第四營第十二連擔任淞滬路沿線之安全維

護，以第十一連之兵力對瀏河西岸永安紗廠及其附近一
帶擔任巡邏，第十連則對張華濱碼頭屯備之電訊器材及
交通物質加以警戒，並會同憲警不時巡邏，以確保物
質之安全，勤務連則為機動部隊，控制於團部附近，
以應不時之事變。

五、戰後狀況

以上本團所歷之任務，由於計劃週密，使防地及被掩護目標
均處於安全狀態，使潛伏之奸偽份子無法活動，本團所有官
兵，由於平素訓練嚴格，軍紀嚴明，故愛國熱忱極高，在執
行任務後，一般善良百姓，對本團均極欽佩，武漢及淞滬兩
警備司令部對本團任務之執行圓滿及各種措施均備極推崇，
惜乎徐蚌會戰失利，直接影響京滬之安謐，國人陷於和談之
迷惘中，社會秩序陷於紊亂狀況，終使大好河山淪入匪手。

六、檢討

本團於抗戰期中，所屬部隊分佈於湖北、四川、貴州各省擔
任防空歷時八載，終獲最後勝利，勝利後奉令集中武漢施行
整訓，以配合國家整軍之需要。故余即秉領袖之意志，遵照其
訓示，檢討部隊在長期分散後的恐切需要，因之在訓練計劃中
以加強對奉行三民主義與忠貞信仰領袖為第一要務，其次在
訓練高砲對空射擊技能及對地作戰技術，同時密切注意匪亂
之變化，訓練所屬官兵對匪作戰之技巧，並在無形上鞏固官兵
之團結與民眾之合作，因之在集中後短短的時間內，對武漢警
備任務與上海空軍基地之警戒任務均能順利執行。惟深足反
省者，即為當時國人蒙受奸匪所唱之和平共存濫調之迷惑，以

及社會組織的欠嚴密，如是則給予匪徒滲透之機會，如今必須澈底覺悟，堅定對領袖之信仰，確遵領袖的訓示，集中力量，展開對匪之總體戰，以克復失土拯救大陸同胞。

● 雷輯五
作戰時級職：空軍高射砲兵第五團第三營中校營長
撰寫時級職：空軍高射砲兵第一團上校團長

作戰地區：西安、漢中、成都

作戰起訖日期：38 年 5 月 2 日至 12 月 23 日

戡亂－西安、成都戰役

一、前言

　　余服務軍旅，垂二十餘年，其間除於民國二十六年蘆溝橋事
變發生之際一度服務江防要塞，充任要塞砲兵軍官外，其餘時間
均服務於空軍防空部隊、機關與學校，並歷任高砲連、營、團
長，及防空幕僚與教育等職。在此期間，所經抗日戡亂戰役固
多，而以戡亂作戰所獲經驗教訓則較豐碩，印象亦至深刻，茲謹
從抗戰勝利後，余於高砲營長任內，所參加之西安、漢中、成都
戡亂諸戰役，就余親身經歷者，概述於後，如能前事不忘，後事
之師，則幸甚矣！

二、戡亂戰役經過及經驗教訓

（一）西安戰役經過及教訓

　　西安為我國歷代名城，交通發達，自抗戰勝利後，朱毛共匪為
遂其攫取政權，顛覆政府之野心，乃乘我復員之際，即在陝北、
華北到處武裝叛亂，以逞其赤化中國之陰謀。迨至民國三十七年
七月間，西安情勢益轉緊張，余此時適奉命調任空軍高射砲兵第
五團第三營營長，駐防西安機場，擔任對空掩護及對地警戒等任

務，本營所轄共有三個連，使用武器為俄式四公分高射機關砲，每連配砲六門，共計十八門，此外並配屬一個戰車連及一個警衛排，均歸余指揮，總計兵力已達千餘人。當時係受空軍第三軍區司令部之作戰指揮與督導，行政上仍隸屬高射砲兵第五團，在後勤支援上係由西安第七補給區直接支援，在戰鬥序列上，則配屬於西安綏靖公署並受其節制與區處。在戰事未波及前，西安民心士氣均極旺盛，且固守西安外圍之兵力多為胡主任宗南將軍所部精銳之師，並甚為雄厚，尤以西安環城工事，經過一年久之構築，始告完成，其工程之浩大，可以想見。不意三十八年春季陝北及豫省戰事相繼失利，匪軍即節節逼近西安外圍，而我保衛西安部隊亦抱有殲滅來犯匪軍之決心，無如一般部隊雖守土有責，而心理防線早為匪潛伏份子所攻破。因此五月上旬西安情況即突轉直下，共匪並利用其滲透戰術，凡屬西安重要軍事區域，如綏靖公署、機場等地，乃先後使用便衣武裝予以襲擊與破壞，並利用策反工作以使我方自相驚擾，實則共匪部隊此時離西安市區聞尚有十里之遙，而我方士氣卻大受其打擊。在此情況之下，本營官兵以鞏衛機場，責無旁貸，乃不斷與匪便衣武裝發生槍戰，並捕獲十餘名，均經解送西安警備司令部處理法辦。五月十三日西安外圍戰事愈趨激烈，本營除留守兵力一連仍擔任西安機場之內警戒以後利用飛機撤運外，其餘部隊均奉命撤至漢中任防，幸當時處置迅確，在二十四小時內，即完全撤離西安而達寶雞。五月十六日咸陽橋即遭匪軍破壞，隴海鐵路交通乃為之中斷，否則本營能否撤出，尚不敢預料也。

　　此役本營官兵因係從倉亂中奉命撤出，故略有損失，然軍紀良好，士氣極為旺盛，沿途並自動為友軍掩護，深獲嘉評。惟檢討此役之得失，實由於小數部隊兵心動搖。一般將領未能洞察敵

情，確實控制，嚴格掌握，一旦遭遇匪潛伏份子襲擊，即舉謀不定，終至牽一髮而動全局，斯為可痛之至！

（二）漢中戰役

自西安移防漢中後，本營除擔任漢中機場防空及對地警戒外，並積極準備作戰，以期配合友軍之行動。是年六月間寶雞戰事忽因馬部撤出而轉緊張，共匪即乘虛而攻佔寶雞。在此一役中聞當時防守寶雞部隊幾乎被其殲滅殆盡，因此，即縮短防線退守秦嶺重作部署，以俾繼續抵抗，蓋寶雞乃係背水之戰，實不易扼險據守矣。之後，共匪除一面向秦嶺進攻，一面由安康、城固採取大包圍攻勢，以進窺漢中，於是漢中即成為西安撤守後第二個攻擊目標。迨至八月中旬漢中情況又趨危殆，余除督率全營官兵準備應戰外，並奉命將重武器先行撤至成都，在此作戰階段期間，共匪雖無空軍活動，而地下潛伏份子仍極活躍，目的在破壞漢中機場及打擊我方士氣。我空軍第三軍區司令部為準備爾後作戰，在匪軍部隊分由兩路迫近漢中情勢之下，除仍留一連警衛漢中機場外，乃下令本營向成都作第二次緊急撤退，沿途所遭散兵游勇及匪諜份子之襲擊與破壞，實無以復加。此役官兵雖微有損傷，幸而如期到達蓉城，完成上級所賦予之新任務，良足欣慰！

（三）成都戰役經過及教訓

本營各部隊自從西安、漢中兩次作戰與緊急撤退之後，雖損失奇重，而戰鬥意志則更為堅強。是年八月底，本營官兵陸續抵達成都，此時尚有官兵六三五員，四公分高射砲十八門，以及其他必要裝備等，全部均駐防成都雙流機場附近，擔任對空掩護及對地警戒。當時成都附近原有部隊除保警部隊外，多為劉逆文輝所屬，

在本營未到達成都前，即早聞劉部有靠匪嫌移。之後成都陷落，劉部果不出所料，且本營於新津撤往鳳凰山機場時，途中竟遭劉部襲擊，幸我有備，尚無重大損失，由此可知該批叛逆部隊之猙獰面目為何如矣。在雙流駐防三月，成都戰事又轉緊張，原因係受貴陽、重慶戰事失利之影響所致，空軍第三區司令部為達成掩護政府各院部及各軍事機關安全撤退台灣計，乃於十一月底即命令本營全部進駐成都新津機場，擔任掩護撤退工作。十二月初旬我空軍三軍區又因整個戰況日漸不利，復命本營將高射武器及一部分人員先行運來台灣，僅留輕武器擔任機場對地警戒，此時政府各院部亦均集中新津機場，晝夜搶運，情勢亦顯危殆，兼之共匪潛伏份子在機場附近非常活躍，本營官兵因感所負責任重大，必須隨時戒慎恐懼，準備應變，幸而各部院首長及重要軍事機關大部均能安全撤出，因此本營艱鉅任務亦可算完成一大半矣。

迨至三十八年十二月十七日傍晚，余正在佈署機場警衛兵力之際，忽聞共匪先頭部隊已逼近新津外圍，且以大部兵力繞道邛崍，故新津機場即奉命撤除，本營乃於是晚深夜轉移至成都北面之鳳凰山機場，繼續擔任掩護徹運工作。抵鳳凰山機場後，翌晨成都市區乃入緊急戒嚴狀態，街頭行人幾已絕跡，而春熙路橫屍遍地，慘不忍睹，據聞多係趁火打劫之劫犯，乃為成都防衛總司令部所就地槍決者，由此可知當時混亂情形，實不言而喻！雖然情況如此緊急，但撤運工作仍繼續進行，直至十二月二十二日，成都戰事已無轉機，而停留鳳凰山機場之飛機亦僅只四架，且係準備最後撤退人員使用者。而我方塔台亦已撤除，即無導航設備，復無夜航設施，在不得已情況下，乃使用滑油在跑道兩傍燃燒，以備夜間緊急起飛照明使用。是夜機場附近復聞各處傳來之槍聲，情況益顯緊張而混亂，幸徐司令煥昇將軍鎮定沉著，指

揮若定，故能機警應變，余因肩負該機場地面警衛指揮官任務，故終宵未敢成眠。直至十二月二十三日上午九時，胡主任宗南將軍始率極少數隨從人員到達鳳凰山機場，乃乘第一架運輸機逕飛三亞，余則隨徐司令煥昇同乘最後一架次飛機直飛海口，在起飛時，該機場之高砲警衛部隊仍能貫徹命令，嚴格執行任務，允屬難能可貴也。

三、戰役檢討

　　回溯以上各次戰役，共匪無論在裝備素質兵力各方面，實並不足懼，所懼者乃為我方心理防線為匪所攻破，他如指揮之鎮定、兵力之集中、意志之統一，皆為不可違背之原則，今後應針對此項缺點，痛加改革。至於我高砲部隊作戰，因非直前線故與匪直接接觸機會甚少，對匪軍態勢及其所使用之戰法，即知焉而不詳，然就余歷次參戰經驗，認為下列各項應予檢討，故提供以作蒭蕘之見：

（一）戰區指揮官無統一指揮之特權，常受上級命令所限制以及部下意見所左右，更無法發會當機立斷之精神，以致事事請示，事事處於被動，尤以戰略戰術之運用為然，甚至基於任務之死守而忽略良好之戰機，終至挫敗而不可收拾。

（二）培養士氣，堅定意志，為今後作戰不可或缺者，鑒於西安、漢中、成都之轉進，雖其原因固多，而心理動搖，士氣瓦解實為主要原因之一，尤以高級幹部切不可猶豫與鑄錯，致失良好戰機，如成都十二月二十日新津之戰獲勝，士氣突然為之一振，旋聞匪軍續攻邛崍，即措置失宜，士氣又復低落，由此可知作戰必須有堅定之意志，然後才能維持永恆不斷之士氣。

（三）組織複雜，單位眾多，在戰略戰術運用上常不能得心應手，應付適宜，以往我軍一師之兵力與火力，尚不及美軍一個加強團，因此在西安、成都各戰役中，常常集若干師之兵力始能達成一小勝，似乎違背簡單統一之戰爭原則。

（四）加強情報，注意策反，共匪在各次戰役中，均慣用此項技倆，在作戰之前，儘量利用當地人民供給情報，作戰時，又復善於煽動與利誘，以西安撤退時即為一例，如我能尋求對策，則共匪此項陰謀勢必為我所粉碎矣。

（五）培養獨立作戰能力，亦不宜太過拘泥於城鎮之固守，以往國軍似乎偏重城鎮之得失，若一旦防地失守或援軍為共匪截擊，即不能獨立作戰，如我能集中兵力，向某一方面突擊，縱使被包圍，我亦可集中兵力予以反包圍，或許尚有成功之希望，即整個戰局亦未嘗不可因此而改觀也。

● 黃鵠

作戰時級職：空軍高射砲兵第六團第二營少校營長
撰寫時級職：空軍防空學校教育處中校教官

作戰地區：遼寧省瀋陽

作戰起訖日期：37 年 4 月 1 日至 8 月 31 日

戡亂瀋陽戰役

一、概述

　　空軍高射砲兵第六團第二營之編裝有一營部及三連，日本八八式七五公釐口徑之高射砲十二門，附一‧二七及○‧七七公釐口徑之高射機槍各六挺，另有步槍、卡柄槍、手槍、衝鋒槍、輕機槍、手榴彈各若干，道奇卡車二輛，全營約有官兵四○○員，當時中校營長涂尚均已調升副團長，奉命由余接替。

二、作戰前之狀況

　　瀋陽周邊經三十六年冬季奸匪發動攻擊以來，對外陸上交通斷絕，一切補給全靠由錦州空運，而關內戡亂之作戰，豫魯境內日形惡化，民生經濟困苦，奸匪之作戰企圖，顯為在東北圍困拖垮國軍者。

三、我軍作戰指導

　　在東北部分顯在整頓固守待援，相機擊攘奸匪。

四、作戰經過

　　本營之任務，為掩護瀋陽北陵與東塔二機場之空防與地面警衛，在本職內（由三十七年四月一日至八月卅一日）無何作戰，至九月迄十月底瀋陽之陷落期間，因本人投考陸軍參校第一期覆試，暫行離職赴南京，當時由少校團附劉偉生代理，其情況不明，亦無法補述。

● 夏純凱

作戰時級職：陸軍高射砲兵第一團第四營中校營長
空軍高射砲兵第七團第四營中校營長
空軍高射砲兵第七團副團長
空軍高射砲兵第七團團長
撰寫時級職：空軍高射砲兵司令部上校副參謀長

作戰地區：武漢及九江

作戰起訖日期：34 年 4 月 15 日至 37 年 11 月 10 日

戡亂──武漢及九江佈防

一、概述

　　一旦戰爭開始或進入作戰態勢，而高射砲兵則應日以繼夜，不斷獨立遂行其對空或必要時施行對地作戰任務，與其他兵種之性質稍異，聯合作戰之時機和行動較少，兼敵機或其他航空機之來襲，其時間較短暫，來襲時機不可把握，次數亦無法判定，故高射砲兵之每次作戰時間甚短暫，當不如他兵種之每一戰役發生，連續時間甚長，甚而至數日數月或數年進而成膠著狀態，一時難以解決者。自抗戰開始前一年，余始服務高砲部隊，時已廿餘載，剿匪時期，余尚在軍校求學時期，當無何經歷可云。至抗戰開始後，高砲部隊方負防空作戰任務，以部隊較少，僅作翼衛具備政治、文化、軍事、經濟……等中心條件之各大都市或交通要點或機場等重點使用，不曾配合野戰軍使用，而更未曾參加與第一線直接對日寇或共匪作戰，故是項戰歷，尤無心得可云矣。

　　三十四年四月，余始奉命調四十三團第四營營長，當時以營

為新成立，接任時僅營部及三連幹部，所有戰鬥士兵，需另撥領新兵，訓練完成後，方能負作戰任務，茲將是後經歷情形分述於後。

二、營組成及訓練經過

砲兵四十三團與四十七團，於三十三年冬，桂柳撤退經貴州麻尾時，不幸遭盟機誤炸，損失甚重，幾潰不成軍，曾奉改組，併成一團，番號保留四十三團。團轄四個營，余於三十四年四月，奉調第四營營長，時營亦屬新組成，轄三個連，番號為十、十一、十二（如附件一及二），僅有幹部，兵全無，當未負作戰任務。營組成後，五月初復奉命往四川成都師管區接兵，抵蓉時以該管區並無新兵可撥，後奉改由邛大師管撥交。交涉數月，至八月乃接領新兵完成，時日寇已宣佈投降，所接新兵，不惟體格甚差，且分子異常複雜，於九月中旬返重慶時，已不堪再長途行車去筑團部歸建，時奉命於重慶集訓。四月新兵教練完成，賴各級幹部之努力，一切均稱順利，而新兵體格，尤見與昔全非，繼則洽領武器，每連領到 1.27cm 高射機槍六挺與 4cm 高射砲六門。經半年訓練，全營士兵已能對高射武器運用純熟，士兵養成當告一段落，以後則乃繼續訓練，以期更進一步。

三、武漢增防

抗戰雖告勝利，然共匪復作亂，戡亂任務復興，團於三十五年春由筑奉調九江任機防，在建制之時，團則脫離防空學校，而改隸陸軍直隸國防部，番號為陸軍高射砲第一團，營亦於三十五年冬奉調武漢增防。是年九月下旬，營全部由渝抵達漢口，奉命歸武漢警備司令部指揮，所負任務，仍以掩護武漢各機場為主，

故營屬三連之佈署為第十連駐武昌徐家棚附近，掩護徐家棚機場；十一連駐漢口之橋口，十二連隨營部駐漢口中山公園附近，均以掩護王家墩機場為主。時匪雖曾數度欲進襲武漢，終以防禦週密，未得實現。至三十六年十月，營復奉命調九江增防，營自新成立至斯時，經兩載餘乃進駐本團團部而歸建矣。

四、九江駐防

營至九江後，初隨團部駐九江大教場營房，集訓壹月後，奉命增防城防與江防之佈署，時營部率十一連駐九江火車站附近，十連駐嚴家渡，十二連駐十六埔機場，其任務為防止大北山區劉匪伯成之渡江，時經一載，劉匪未敢侵犯，故仍未作正面戰鬥。

五、移防台灣

三十七年秋各處會戰失敗，共匪擾亂更甚，政府機關與空軍所屬單位已開始先後移駐台灣，團亦改隸空軍，番號更為空軍高射砲兵第七團。十一月上旬，團奉命移駐台灣，經準備歷時半月各營始先後出發抵上海，以須取道海上交通船隻，交涉近時一月，於十二月中旬乃乘輪經海途三日夜，全團方抵台灣，沿途延時雖甚久，本團營等均未發生意外。船抵基隆，即奉台北空軍指揮所指示團所負使命，團則根據使命作適宜佈置，團部率直屬連駐台北大直營房，第一營全營駐台北松山機場，任機場防空即警衛；第三營駐新竹機場任機場防空及警衛，本營（第四營）則駐日月潭任電廠之防空及警衛。本營所屬各連佈署狀況為：營部率第十連駐水裡坑、二坪，任巨工電廠之防空及警衛；第十一連駐日月潭任水壩等之防空及警衛；第十二連駐大觀電廠附近任該廠之防空及警衛。至三十八年二月，余奉調升本團副團長，遵令將

任務交劉建平中校接替，余之四年營長任務，雖時甚感艱巨，仍能順利度過，深覺慶幸。

　　三十八年三月，舟山機場使用時機增多，奉命由本團調一連攜全部武器前往防禦，三月底余親率第三營七連空運前往佈防，以任務為掩護機場，防止匪空中及地面之襲擊，時經壹週，將全連火砲陣地分布於機場四週，就緒後方返團部。至七月復奉命岱山機場開始使用，故調第二營第六連攜全部武器前往任務，並派第二營副營長劉簡少校擔任指揮。三十九年二月余奉命升本團團長，本團部隊之佈防概如前述，余未作何特殊更調。至舟山轉進，本團之兩連當遵令返防歸建·海運、鐵運等均十分順利，未發生不幸事件。

六、檢討

　　綜上所述，本營自成立至余交代為時四載，及余任到團長與團長期中所負任務，均在戡亂期中，擔任機場和要地之防空與警衛，然以當時之高砲部隊主要任務在防空，其作戰指導所規定全係重點使用，藉以掩護機場、重大城市要點等，並未作野戰配屬於第一線，不如陸軍等其他兵種，參加第一線作戰時時可以與共匪直接作戰，況共匪當時並無空軍建立，飛機全無，故高砲之對空作戰，尤無目標可實施，故本營新成立於抗戰末期，經抗戰開始至舟山轉進，不曾與共匪正面戰鬥，茲就作戰前之狀況及我軍作戰指導復述如後。

1. 作戰前之狀況

　　本營組成後於渝訓練時期，以所有幹部均係新由防校軍士隊九期及甲高隊七期畢業者，精神奮發，士氣高昂，服從負責，在短短約一載期中，新兵與各種輕高射武器均訓練完成，如對共

匪作戰絕可發揮應有之威力，殲滅匪軍無遺。況訓練期中，加強精神及政治教育，使士兵對共匪有深切認識，故於訓練至離川，本營新兵除以身體較差，因病死亡者二員外，全營並無逃亡者。至武漢後各連駐地分散，經佈署後，連屬排班等亦復分散，營雖為機械化部隊，車輛裝備全無，各種補給與火砲之運動全靠人力，官兵等辛苦異常，並以與團距離甚遠，時各戰區後勤機構，不惟無良善之組織，其工作人員尤甚腐化，營以單位較小，而補給品之申請領發深感困難，全營時有斷炊之虞。

2. 我軍指導作戰

其作戰指導為以本營現有武器火力掩護並警衛武漢各機場，確保各該地區之安全，本指導所示本營之兵力佈署，則各連以班為單位分布於王家墩與徐家棚兩機場之四週（詳前）。至三十六年春，以大北山等地區共匪猖獗，時有企圖襲擊武漢之狀，其形勢異常緊張，本營雖歸武漢警備指揮部指揮，然作戰事項之請示與協調，常無人過問，以此則可知當時各軍區之組織情形，實若一盤散沙，如真匪一旦襲擊，絕對不戰而瓦解。細思之深覺痛心，尤以營駐地分散，駐徐家棚之第十連通信器材缺乏，難以聯絡，余時只好獨對各連作緊急之處置，示各連長時時掌握全連，如果共匪真來攻擊，各連兵力雖小，然仍應極盡全力擊潰之，萬不得已撤離時，第十一、十二連聽余命令，第十連以駐徐家棚無法時時連絡，必要時由連長自行處置。撤離方向以沿江南下為宜，藉可與團部連絡，不致蒙受重大損失，幸共匪未敢來襲，狠殲敵之心情未果耳。

附件一　營組織系統表

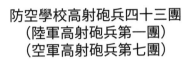

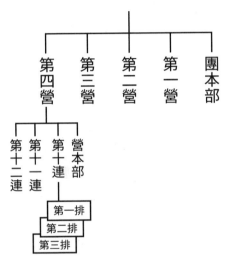

附件二　營編制裝備與實有兵力比較表

部隊番號：陸軍高射砲兵第一團第四營

編制數		實有數	
官	51	官	49
士兵	553	士兵	507
火砲	二公分高砲 18 門	火砲	二公分高砲 18 門
步槍	390	步槍	385

實有兵力與編制兵力之比較：90%

● 傅濟華
作戰時級職：空軍照測第一團第二營少校營長
撰寫時級職：空軍高射砲兵第一旅上校副旅長

作戰地區：上海、北平、瀋陽

作戰起訖日期：37 年 10 月 1 日至 38 年 3 月 24 日

平瀋滬台移防經過

一、概述

　　民國三十六年七月，余在空軍照測第一團第二營營長任內，於抗戰勝利後正在重慶整訓所屬部隊，由於共匪叛亂日亟，本營奉命東下任防，營部位置於上海大場馬橋空軍營房，所屬五、六、七、八，四個照測連，分防上海、北平、瀋陽，計五、七兩個連駐上海大場基地，第六連駐瀋陽基地，第八連駐北平南苑基地，分任各該地區間防空，統計全營官長五十四員，士兵五五二員，照測器材德式者八付、日式者四付、俄式者四付，每連配有高機槍各四挺、步槍各七〇枝，手槍官長每人一枝，其他裝具齊全。當時空軍照測第一團團部駐南京，本營（欠六、八連）在上海，歸空軍高射砲兵第四團指揮作戰，第六連在瀋陽，歸空軍高射砲兵第六團指揮作戰，第八連在北平，歸空軍高射砲兵第三團指揮作戰。三十七年八月間，余一度奉准由上海先後飛抵平、瀋巡視所屬第六、八兩個連防務。同年十月，東北戰事吃緊，瀋陽被圍，第六連奉令空運突圍，增防北平，此時奉令派遣少校副營長鍾容昭一員駐平統一指揮第六、八連防務，指揮所位置於北平南苑照測第八連連部。

二、作戰前之狀況

（一）上海方面

三十七年入秋以還，上海市面情勢漸趨不安，共匪偽裝份子陰謀製造事件，諸如擾亂市場金融、煽惑學校青年、破壞社會秩序，形成人心惶惶，不可終日。三十八年初，防務加強，前陸軍第五十二軍所部，進駐大場、楊行一帶，積極構築工事備戰。

（二）北平方面

自三十七年十月間，長春、瀋陽先後陷匪，十一月初，林彪匪部乃逐漸竄入河北境內，此時華北聶榮臻匪部也日漸活躍，在北平週邊擾亂交通，除平綏路勉可通車，平津線斷續不定外，平漢、津浦等路早已斷絕，時剿匪總部傅作義在北平四郊不斷加強工事，在城門大量儲糧，日夜搶修機場等，似尚有與匪一戰之決心，因此人心頗為鎮靜。十一月林匪便衣部隊湧進關內，或潛伏鄉村或打入城市，散播謠言，破壞秩序，無所不為，迄十一月底，林匪武裝部隊陸續入關，大戰一觸即發。

本營在上海、北平兩處部隊，均隨上述狀況之推演，不斷策定應變計劃，採取適宜措施，嚴密配合全般戡亂作戰要求。

三、我軍作戰指導

（一）上海方面

三十七年十二月底，本營戰備開始加強，原有陣地未進入者一一進入，同時選定預備陣地構築工事，並經常協同友軍空軍與高砲部隊舉行夜間聯合作戰演習，對地警戒亦與

友軍密切配合同時加強。

（二）北平方面

三十七年十二月初，本營第六連奉命自南苑基地外圍移入基地內，加強戒備，準備必要時向城內轉進。十二月五日以後，匪逐日集結約兩個縱隊，自保定方面竄距基地外圍約二十里之線，與守軍對峙，此時傅作義部主力已部分退守城內，企圖固守。

四、作戰經過

本營於三十七年十一年二十五日，奉命將北平之第六、八兩連撤退，移防台灣。十二月三日，奉命到達北平，其時平津線火車時通時阻，空運程序已無法列入，船舶也難爭取，但經本營鍾副營長與六、八兩連連長以次人員之努力奔走連繫，終於十二月十一日向華北剿匪總部辦妥撤離手續，十二日晚將兩個連全部人員武器材上車完畢。當晚十二時，匪約二縱隊迫近南苑，十三日清晨列車自機場開出，十時過豐台，槍聲甚密，我守軍正與匪接戰中。十五時兩連抵津時，豐台已陷，北平入圍，在此情況緊急之下，幸獲得中字號登陸艇一艘，於十五日十四時開始裝運，十六日晨啟碇發航，時匪軍已近迫塘沽，我艇經過時，左岸槍砲曾向我射擊，當時我經還擊，衝出大沽口後，檢查船上大副一員受傷，別無損失。二十日抵長江口，因濃霧所阻停泊四日，迄二十四日到達上海，增防大場，此時本營四個連全部集結一個地區，上海大場佈署隨之加強。

三十八年一月五日奉命全營調防台灣，當時空軍照測第一團全團分三批經滬渡海來台，本營所屬各連在全團編配中分配行動，第一、二批先後於二月十八、廿五兩日分乘華勝、南山輪啟

運到台，本營（欠六、八連）及團屬雷達大隊一個中隊，編列為
第三批殿後移動，奉命歸余指揮。由於當時滬上運輸狀況欠佳，
輸具已呈供不應求現象，輾轉交涉，迄三月二十日始獲得上海港
口司令部撥給本營海張輪一艘，余即下令當晚開始裝船，二十一
日十三時，海張輪自上海張華濱啟碇發航，二十四日二時二十分
安抵高雄港外，九時進港，泊八號碼頭，不一日全部卸載完畢，
旋即分別開抵指定防地。至此本營並我全團調防台灣之渡海行
動，仍告圓滿完成。

五、戰鬥後狀況

前述本營所屬部隊，先後自瀋轉平，自平到滬以及全營隨團
分批調台，輾轉移防間，歷時半載有奇，所有人員武器器材均無
損失。回首大陸，自平津圍困，傅逆作義誤中共匪和談詭計，將
平津拱手送敵，貽誤戰機，影響士氣，莫此為甚，繼而匪股長
驅南下，進破徐蚌，國人又陷入和談迷惘中，迫使領袖下野，於
是軍民無主，人心渙散，局勢急轉直下，大陸崩潰，益發不可收
拾，終於導致神州沉淪，生民塗炭，吾輩革命軍人，無不引為奇
恥大辱。

六、檢討

溯自三十六年七月，本營奉命由渝東下，擔任平、瀋、滬各
要地防空起，迄三十八年三月，全營調防台灣為止，經時二十閱
月，由於共匪以流寇起家，當時除在地面流竄外，並無空中進襲
能力，故我防空部隊亦無實際與匪直接作戰經歷可資報告。然
我全體官兵，平日受革命主義之薰陶，堅定信仰革命領袖，矢志
服從長官，戡亂戰志昂揚，隨時抱定不與共匪戴天，因是全營各

連雖然建制分割，遠離團部，而精神始終團結，本營官兵所到之處，無不表現軍人服從天職，盡責盡忠與友軍竭誠合作，共赴事功，從無隕越，是故第六連單獨在瀋陽突圍，第六、八連在平津危急中乘最後一列車，搭最後一艘船，皆能克服萬難，達成任務者實非偶然，尤其在津滬航運途中，收容友軍仟餘官兵，上船無糧，本營長兵解糧相助，毫無難色，充分發揮同舟共濟、人飢己飢之革命利他精神，且能使此批人員得免散失陷匪，為反共抗俄平添一份戰力，亦屬令人興奮之事。

綜觀三十八年戡亂大局惡化，無辜百姓陷匪，痛定思痛，其最大癥結應不外二者，一為國人為共匪「和平共存」的圈套所迷惑，上了一次大當，一為若干將領革命修養不夠堅強，往往在吃緊關頭，動搖了戰志，終於鑄成了大錯。今者吾人在反攻復國基地台灣，已作過了充分的反省檢討，已恢復了革命勝利的信心，大陸人心正在思漢，抗暴運動正在開展，前事不忘，後事之師，我們自當記取大陸失敗教訓，隨時警覺，隨時省悟，不要忘記怎樣來的，我們應該怎樣反攻回去。

● 鍾容昭

作戰時級職：空軍照測第一團第二營少校副營長
撰寫時級職：空軍高射砲兵第四團中校團長

作戰地區：平津戰役

作戰起訖日期：37 年 11 月 20 日至 12 月 24 日

平津戰役

一、概述

　　民國三十六年八月，空軍照測第一團第二營（欠六、八連）駐防上海，第六連駐防瀋陽，第八連駐防北平，擔任北平南苑機場夜間防空及警衛。三十七年十月東北剿匪戰事吃緊，瀋陽被圍，第六連奉命撤退增防北平，余時任少校副營長，奉命駐北平指揮第六、八連，屬空軍高砲第三團指揮，團長李銘上校駐西苑，南苑由副團長許馨階上校率第三、四兩個營駐防，第三營營長為劉登嵩中校（北平淪陷未出），第四營營長為唐勛中校。營轄三個連，連配三七高砲四門及單管高射機槍四挺。照測第六連連長楊朋英，配德式 AEG 照空燈四具，照測第八連連長陳隨緣，配日式照空燈四具，並各配單管高射機槍四挺及步槍等，連編制人員約五〇員，余之指揮所設南苑機場營房內。

二、作戰前之狀況

　　三十七年長春陷落後，十月瀋陽被圍，第六連奉命撤退，於十月中旬抵達北平，十月底瀋陽淪陷。十一月初林彪匪部有少數便衣散匪由山海關、古北口等處竄入河北，此時華北聶匪榮臻所

部亦日漸活躍，在北平週邊騷擾交通，除平綏路免可通達外，平津、平漢、津浦等路早已斷絕。時剿匪總部傅作義亦時對外演說要剿匪到底，兼作各種決戰之處置，如在北平四郊不斷加強工事，及在城內大量儲糧，日夜搶修機場等，因此人心亦頗鎮靜。十一月林匪便衣部隊大量湧進關內，潛伏鄉村擾亂恐駭，城內亦進入大批匪諜，散播謠言，破壞秩序，人心惶惶漸至不安。但傅作義似仍具堅強信心，從事作戰部署，如大批捕殺匪諜，特急整修城內機場等。但林匪武裝部隊於十一月底，已陸續入關，大戰一觸即發。

三、我軍作戰指導

　　十二月初本營奉命將第六連由機場外圍撤至機場加強戒備，必要時向城內轉進。十二月五日以後，每夜有匪兩縱隊自保定方向竄到機場附近約廿里，見我嚴陣以待，致未發生戰鬥，時傅部部分主力亦撤至城內，意圖長期固守。

四、作戰經過

　　十二月初平津局勢漸緊，三月奉空軍總部命撤退移防台灣，其時平津線火車時通時斷，船舶尤為困難，達成任務頗為艱鉅，但經多方奔走並向華北剿匪總部辦妥撤離手續，十二日晚將兩個連全部人員武器器材上車完畢，當晚十二時有匪兩縱隊接近機場，僅約十華里，全部進入戰鬥狀態。十三日凌晨火車自機場開出，十時始過豐台，槍聲甚密，匪我已在戰鬥中。午後三時抵達天津，得知豐台陷失，北平入圍，平津間電訊斷絕，津瀋間匪我對峙於唐山之線。時余往來於津沽間接洽運輸船隻，終獲中字號登陸艇一艘，於十五日午後四時開始裝運，因無車輛，全部器材

由人員推至碼頭，又無起重器材，用人力推上甲板，該艇除兩連裝備人員外，並由天津警備部瀋陽撤退收容所官兵約貳仟人，交余指揮運至上海。十六日晨解纜護航，時匪軍已進迫塘沽，船近塘沽時左岸槍砲向我射擊，經余監督船長加速前駛並以機槍還擊，衝出大沽口，船上僅大副受傷外尚無損失，預計廿日可抵達上海。但當進入長江口濃霧大作時，航道沉有江亞輪船等數艘，不能行，乃泊於長江口外停四日，然兩千餘遺散官兵數日未食，奄奄待斃，乃煮粥供食，於廿四日幸獲安全抵達上海，擔任大場機場警戒任務，三月初又奉命轉駐台灣。

五、戰鬥後狀況

　　我部乘最後一次車船全部抵達上海後，人員、武器、器材全無損失，但平津入圍，傅逆作義誤中和談詭計，將平津拱手送敵，遺誤戰機，影響士氣，莫此為甚，致敵長驅南下，進迫徐蚌，國人又醉心和談使領袖下野，大陸從此益不可收拾，終至全部淪陷。

六、檢討

　　此戰余以副營長指揮兩個連單獨遠駐北平，而在危急中奉命轉進，又得乘最後一次車船，在危難中使人員裝備毫無損失，圓滿達成任務，在防空部隊戰鬥史中，是無前例的。這個原因由於對敵我情況有正確了解，各方聯繫密切能掌握時機迅速行動，官兵聽命，沉著勇敢，終能衝破危難，勝利歸來達成任務。

　　當在航運途中，千餘收容官兵上船無糧，我部官兵即解糧相濟，充分發揮同舟共濟，人飢已飢之精神，而彼等亦能服從命令與余充分合作，共維安全，使余之任務圓滿達成，至感快慰。

　　瀋陽陷落後，散失官兵絡繹於途，紛向平津集中尋找自己部隊，但無良好之收容組織，致散游街頭，衣不蔽體，飱風露宿，余屢訪問談話，彼等痛恨共匪朱毛，咸認為鼠輩不能成功，故苦而無怨，余深受感動，故盡量收容，同船抵滬，能使反共抗俄增一分力量，余甚覺快慰。

　　余深信此次勝利實於官兵平日之忠黨愛國，信仰領袖及勇敢果斷之行為所致。

工兵總隊

● 丁叔雲
作戰時級職：空軍工兵總隊第三營第七連少校連長
撰寫時級職：政工幹部學校工兵上校教官

作戰地區：上海
起訖日期：35 年冬至 37 年冬

　　本黨與匪鬥爭三十年之中，余以從軍過晚，剿匪作戰既未得以參加，而戡亂作戰又未能直接參予任何戰役，茲當撰述作戰詳歷及心得之時，深覺有愧黨國之培植與有負個人投效戎伍之初衷。然則自抗戰勝利後，因歷任空軍工兵總隊連營長達七年之久，對各機場之修建與維護以及三十八年大陸轉進時金廈之戰等，有關對現代工兵之運用與指揮，略具心得，提供參考。

大場基地駐守

　　三十五年冬余任空軍工兵團第三營第七連少校連長，派駐上海大場擔任該基地機場之維護與修建，始則陸空指揮系統不明，繼則業務劃分不清，工作無法開展，部隊能力無法發揮，各項工程空軍依舊承包商人施工，而機械化工兵，空軍缺乏瞭解，不信其有擔負工作之能力，而僅以徒手工兵之零星工作臨時交付，多次提供計劃與意見，均未獲採納。復以徐蚌會戰戰況緊急，基地空運頻繁，是時余以職責攸關，再以機場搶修計畫建議，日夜輪班，機動搶修，在任何情況下亦不得使空運中斷，此時本連工作之效率頗受基地人員之贊許，從此空軍人員始悉現代工兵之能

力及其與空軍作戰之重要性。今匪共在大陸沿海各基地均經擴建完成，其空軍戰力亦逐日在增強中，侵襲台灣，隨時均有可能，故我台灣各基地應有很週密之搶修計劃，運用工兵，保持高度機動，在任何情況下，均不得影響空軍作戰，此應事先有綿密之計劃，週到之準備，密切之協調，方可達到要求。

● **祁孝賓**
作戰時級職：空軍工兵總隊第五營少校營長
撰寫時級職：陸軍工兵學校上校教官

作戰地區：福建金門

作戰起止日期：38 年 10 月 10 日至 31 日

金門戰役

（一）概述

　　三十八年十月十日參加金門防衛戰役，擔任金門料羅機場之構築，是時本營（空軍工兵總隊第五營）奉令配屬湯總部指揮，前任營長錢堪，營轄三個作業連（第十三、十四、十五連）及勤務連，第十三連連長朱安華，十四連連長陳耀麟，十五連連長韓文傑，勤務連連長劉有光，各連編制員額一二三員，但實有人員平均約一百員，全營裝備僅實有 D7 推土機一部，卡車六部。

（二）作戰前之狀況

　　當時因廈門吃緊，其機場已不能使用，國軍雖有防守金門之陸軍與開往作戰的海軍，但空軍仍須靠由台灣基地出擊，是要減少很大的威力，尤其是指揮聯絡與空中補給至感不靈，因此構築金門機場急如星火。

（三）我軍作戰指揮

　　因情況急迫，湯總部命令十個工作天完成一條一千八百碼長之急造機場跑道，因全營人員及裝備有限，特令准配合民工‧徵

調金門駐軍之卡車十部，並奉准拆除各處可資利用之石料，以加速完成之時限。

（四）作戰經過

基於以上所述，全營於十月五日起日夜趕工，以工作分配法分配各連任務，人員換班，機場構築工作之機車每日工作二十小時，並以當地民伕配合搬運及舖砌工作，繼以廈門失陷，全營官兵及配合工作之民伕均提高警覺，奮發從事工作，卒於十月二十五日遵限完工。

（五）作戰後狀況

構築完成後適遭敵犯金門，因此與三軍協同作戰之指揮連絡、補給及今日金門機場之良好運用，其價值實無法估計。

（六）檢討

此次機場構築工作，能以最少之人員及裝備，在最緊急之情況下依限圓滿達成任務，實賴於全體官兵之信念堅定，工作技能純熟，尤以高度之警覺性及配合民伕之得當所使然。

● **丁叔雲**

**作戰時級職：空軍工兵總隊第五營少校副營長兼
　　　　　　　第十三連連長
　　　　　　　空軍工兵總隊第五營中校營長**
撰寫時級職：政工幹部學校工兵上校教官

作戰地區：金廈
起訖日期：37年冬至38年冬

　　本黨與匪鬥爭三十年之中，余以從軍過晚，剿匪作戰既未得
以參加，而戡亂作戰又未能直接參予任何戰役，茲當撰述作戰詳
歷及心得之時，深覺有愧黨國之培植與有負個人投效戎伍之初
衷。然則自抗戰勝利後，因歷任空軍工兵總隊連營長達七年之
久，對各機場之修建與維護以及三十八年大陸轉進時金廈之戰
等，有關對現代工兵之運用與指揮，略具心得，提供參考。

擴建福州義序機場

　　三十七年冬奉命由滬調往福州，擴建義序機場，時任空軍工
兵團第五營少校副營長兼十三連連長之職，自上海出發時全部人
員裝備分別乘自由輪及登陸艇裝載海運尚稱順利，三日後抵達閩
江口馬尾港時，除人員外，所有輕重機械及車輛均無法上岸，經
過月餘之籌劃，雖經解決困難，然以整理裝備等，而延誤基地修
建工程，影響作軍至鉅，今後反攻大陸我工兵部隊互論在兩棲作
戰灘頭陣地之建立與擴張，或前進著落場之開設，或向內陸推進
時搶修各基地等，對下列各點宜特別注意：

1. 出發前人員及裝備之裝載必須有綿密之計劃，平時應多舉行

海陸空運之裝載演習。

2. 出發前各級指揮官與幕僚對目的地之海港設備及地形應作詳細研究，必要時派先遣人員實地或空中偵察。

3. 出發前對到達目的地後之登陸與卸載應有詳細計劃。

4. 海運途中對偶發情況（遇火或大風浪或觸礁）等之警戒及處置應事先有計劃。

5. 海運途中為防意外，目的地應絕對保密，開航後對航行方向及電訊應派專人負責監視，不可疏忽。

金門料羅機場搶修

　　三十八年夏奉命調廈門協助構築廈門防衛工程及廈門機場之維護，兩月之間，未負重大任務。九月湯故總司令恩伯將軍奉派指揮廈門之戰，一日約見，詢及對保衛廈門提供意見，當時呈述「保衛廈門確保金門」，為此金門必須從速構築工事及飛機著陸場。湯司令立即採納，限當日撥艇裝載，次日到達，雙十節前須全部完工。次日到達料羅灣，無碼頭設備，只得乘高潮搶灘登陸，連夜修路。次日即行偵察測量，發動全島民工，動員全島物力，軍民配合，日夜搶修，十日十夜，終於完成此一千三百公尺長之著陸機場，創下我國軍在沙漠上於十日之間完成此巨大工程之光榮成績。十月廿五日金門大捷之戰，均助於此機場之大顯矣。因當時余已升任中校營長，完成之日，周前總司令至柔首先降落機場，除犒賞全營官兵外，並授我空軍甲等一級楷模獎章一座。

　　個人願提供心得數點，俾供參考。

1. 各級幹部出發前對當地潮汐狀況應全般了解。
2. 出發前對任務區之地理環境土質及居民狀況與氣候等，應先求得詳細了解。
3. 軍民密切合作影響工程進展頗大，應妥為計劃善為運用。
4. 機械車輛之保養維護及調配使用應有詳細之計劃。

金門大捷之所見

　　金門大戰之夜，我全營官兵仍在繼續加強跑道及構築指揮塔台及進出路等等工程中，除臨時在機場外圍派遣警戒及聯絡人員外，均一切照常工作。至次日清晨五時，余即驅車至總部，此時情況不明，戰局未定，十九軍尚在陸續登陸增援中，經半小時到達總部與吳求劍中將同時晉見，約二小時之久，均坐聽戰況報告。至九時許，戰況全部樂觀，俘獲匪軍七千餘人，然沿古寧頭一帶之鋼筋水泥碉堡仍為匪軍所固守，如午後六時前不能全部奪取，則夜間匪軍仍可藉以掩護增援。當時湯總司令在電話中命令李良榮兵團司令，「必須在今日午後六時前全部消滅」，我當即提供建議，「立即停止攻擊」，我願陪同總部作戰科長立即前往前方視察實際狀況再行提供建議，總司令允予所呈，命令第一線部隊停止攻擊，原地監視、待命，我經一小時之近距觀察，即刻建議集中全部火砲分別摧毀，半小時後全部消滅，此輝煌的大捷始告完成，經此戰捷提供建議如下：

1. 海島防禦工事應適合海岸狀況及潮汐之變遷構築。
2. 海島防禦戰鬥陣地之構築，應注意預備陣地。
3. 海島防禦戰鬥之第一線陣地必須固守（縱深大的島嶼在外）。
4. 對堅固工事之攻擊與防守應平時多訓練與研究。
5. 對匪俘之處理應先有綿密計劃與準備。

　　以上所列雖非直搗剿匪戡亂作戰之經歷與心得，然對今後反攻之作戰不無參考之價值，尤冀各級將校對現代工兵之特性及指揮與運用應有所研究與了解，俾發揮工兵支援作戰之特性。

附錄：空軍戡亂簡史（34年至39年）

空軍總司令部第二署編

第一篇　34年8月至35年12月

　　卅四年八月十四日，日寇投降，我最高統帥發佈命令，指定各戰區受降人員，執行受降與接收，並通令第十八集團軍駐守原防待命，但該集團軍總司令朱德，不但不聽命令，同時發表荒謬電文，命令華北、華東之共匪阻擾接收，到處襲擊國軍，遂造成接收區武裝衝突。

　　卅四年八月至卅五年底，空軍遵奉政府命令，除負責空運各地國軍，從事接收外，並協力陸軍抵禦共匪之襲擊，如東北之承德、赤峰、安東、通化，華北之大同、集寧、張垣，及蘇北各地區之作戰，其詳情及所獲戰果，經記載於空軍戡亂專史。

　　茲就空軍戡亂經過，扼要摘述，其卅四、卅五年空軍戡亂作戰過概況如附件一、二，空投陸軍軍品數量如附件三，空運陸軍軍品數量如附件四，空運兵員數量如附件五。

附件一　卅四年度空軍戡亂作戰經過概況表

戰役名稱	膠東、包綏、禹城、晏城、集寧、高郵等戰役
起止日期	9 月至 12 月
出動機種架次	P-51 戰鬥機 166 架次 99 式轟炸機 16 架次 一式三型機 8 架次
戰果	傷亡　匪三千五百餘名 斃　　馬三百餘匹 毀　　房屋六十餘棟　　木船百廿餘隻 　　　飛機三架　　　　火車頭五個 　　　火車廂十節　　　工事十一處 　　　堡壘十五座　　　橋梁一座 　　　村莊十處　　　　山砲一門 　　　汽車三輛 散發　傳單五次
作戰部隊	空軍第四大隊　空軍第五大隊 空軍第六大隊

附件二　卅五年度空軍戡亂作戰經過概況表

轟炸大隊

戰役名稱	東北、華北、蘇北諸役
起止日期	35 年全年
出動機種架次	B-25 轟炸機 859 架次 B-24 轟炸機 49 架次 99 式轟炸機 46 架次
戰果	傷亡　匪一三七一三八名 斃　　牛馬四八三六頭 毀　　房屋五五〇四棟　　鐵路四段 　　　橋梁十五座　　　　車站四個 　　　火車頭四五個　　　車廂三二八節 　　　工廠四所　　　　　汽車二七一輛 　　　裝甲車四一輛　　　倉庫四四座 　　　船隻四三一艘　　　牛馬車八五七輛 　　　板車十五輛　　　　村莊十六處 　　　營房九所　　　　　碉堡二四座 散發　傳單七次
作戰部隊	空軍第一大隊　空軍第八大隊 空軍第六大隊第五中隊

驅逐大隊

戰役名稱	東北、華北、蘇北諸役	
起止日期	35 年全年	
出動機種架次	P-40 P-47 P-51 一式三型	
戰果	傷亡　匪二三三六七四名 斃 毀　　牛馬七二七五頭　　　駱駝一二〇匹 　　　堡壘一四九座　　　　房產八八五九棟 　　　營房五九所　　　　　工廠十二所 　　　裝甲車十輛　　　　　汽車六〇三輛 　　　牛馬車六七四〇輛　　大車一七八輛 　　　火車頭一五九個　　　車列三三八列 　　　戰車一輛　　　　　　船二六七六隻 　　　橋梁二三座　　　　　陣地六一一處 　　　工事九九五處　　　　彈藥庫二五座 　　　糧倉庫二〇座　　　　輜重車一一〇輛 　　　村莊十六處　　　　　飛機五五架 　　　油庫二座　　　　　　高射機槍三架 　　　司令部二所	
作戰部隊	空軍第三大隊　空軍第四大隊 空軍第五大隊　空軍第十一大隊 空軍第六大隊第十八中隊	

偵察中隊

戰役名稱	東北、華北、蘇北諸役
起止日期	35 年全年
出動機種架次	P-38 機 163 架次
戰果	偵察各戰地情形及照相
作戰部隊	空軍第十二中隊

附件三　三十五年度空投陸軍軍品統計表

重量：公斤

地點		北平－永年	新鄉－永年	安陽－永年	太原－中陽
架次		573	347	19	33
物資重量	彈藥	22,310	156,850		4,401
	槍械	1,280	1,918		
	糧秣	1,122,708	479,023	49,802	57,416
	器材	6,162			2,062
	被服		9,960		5,392
	鈔票	16			99
總重量		1,152,476	647,751	49,802	69,370

地點		太原－曲沃	太原－汶水	太原－聞喜	太原－運城
架次		31	5	23	12
物資重量	彈藥	19,176	2,325	12,398	1,552
	槍械				
	糧秣	10,319	4,978	35,900	19,950
	器材	82			1,994
	被服				
	鈔票	12	104		
總重量		29,589	7,407	48,298	23,496

地點		運城－聞喜	太原－絳縣	太原－臨汾	太原－大同
架次		20	6	5	6
物資重量	彈藥	23,190	7,074	5,577	6,706
	槍械				
	糧秣	19,397			953
	器材				1,554
	被服				
	鈔票			810	486
總重量		42,587	7,074	6,387	9,699

地點		北平－大同	太原－應縣	北平－應縣	太原－忻縣
架次		69	8	7	11
物資重量	彈藥	132,638	967	9,391	9,136
	槍械	1,870			
	糧秣	5,995	1,487		8,175
	器材	2,219	497		3,940
	被服		10,949		
	鈔票		55		726
總重量		147,722	13,955	9,391	21,977

地點		濟南－聊城	濟南－泰安	濟南－德縣	濟南－大汶口
架次		137	6	17	10
物資重量	彈藥	6,063		7,357	4,598
	槍械				
	糧秣	277,335	10,499	26,920	16,138
	器材	1,550			
	被服				22,990
	鈔票				
總重量		284,948	10,499	34,277	43,726

地點		徐州－大汶口	濟南－兗州	徐州－兗州	徐州－棗莊
架次		11	10	97	78
物資重量	彈藥	11,000	8,460	29,732	6,030
	槍械				
	糧秣	7,903	3,250	124,400	154,200
	器材				
	被服	4,180		4,200	
	鈔票				
總重量		23,083	11,710	158,332	160,230

地點		徐州－臨城	徐州－淮陰	徐州－鉅野	新鄉－東明
架次		145	6	5	6
物資重量	彈藥	25,845	10,400	12,772	3,479
	槍械				
	糧秣	280,710			8,043
	器材				
	被服	5,473			
	鈔票				
總重量		312,028	10,400	12,772	11,522

地點	瀋陽－長春	瀋陽－雲愛陽	南京－如皋	南京－六合
架次	7	5	24	7
物資重量　彈藥	14,250	8,100	45,640	4,090
槍械				
糧秣				
器材				10,205
被服				
鈔票				
總重量	14,250	8,100	45,640	14,295

地點	南京－海安	南京－泗縣	徐州－海州	投第二綏區
架次	31	5	1	9
物資重量　彈藥	60,383	10,600		4,208
槍械				
糧秣				10,803
器材	4,956		2,049	
被服				
鈔票	30			1,440
總重量	65,369	10,600	2,049	16,451

地點	投第二戰區	投第十一戰區	投第一綏區	投鄭州綏區
架次	13	6	5	9
物資重量　彈藥	12,234	11,183	6,907	12,087
槍械				
糧秣	3,218		4,218	
器材	495			227
被服				
鈔票	1,375			310
總重量	17,322	11,183	11,125	12,624

地點	投東北各地	廣州－東沙島	合計
架次	17	1	1,843
物資重量　彈藥	22,681	2,200	783,990
槍械			5,068
糧秣	5,380		2,749,120
器材			37,992
被服			63,144
鈔票	126		5,589
總重量	28,187	2,200	3,614,903

附件四　三十五年度空運陸軍軍品統計表

重量：公斤

地點		徐州－濟南	徐州－坊子	青島－坊子	瀋陽－吉林
架次		186	25	6	5
人員	名額	400			
	重量	28,651			
物資重量	彈藥	342,862	53,375	10,149	8,531
	槍械				
	糧秣			720	
	器材	25,036			
	油料				
	被服				
	鈔款				
總重量		396,549	53,375	10,869	8,531

地點		西安－太原	太原－臨汾	運城－臨汾	鄭州－開封
架次		7	8	1	3
人員	名額		69		
	重量		4,869		
物資重量	彈藥	8,246	999	2,420	4,700
	槍械		312		
	糧秣				
	器材		1,320		
	油料				
	被服				
	鈔款	6,087	2,342		
總重量		14,333	9,842	2,420	4,700

地點		西安－運城	西安－北平	濟南－青島	太原－大同
架次		3	2	18	16
人員	名額				132
	重量				9,988
物資重量	彈藥	4,678	3,414		915
	槍械				2,180
	糧秣				
	器材				4,156
	油料				
	被服			49,172	990
	鈔款				8,217
總重量		4,687	3,414	49,172	26,446

地點		歸綏－張家口	徐州－海州	臨汾－太原	南京－北平
架次		1	1	5	1
人員	名額	20	2	15	
	重量	1,400	111	960	
物資重量	彈藥		168		
	槍械			1,066	
	糧秣				
	器材	400	1,157	4,348	2,138
	油料				
	被服				
	鈔款		420		
總重量		1,800	1,856	6,374	2,138

地點		歸綏－榆林	歸綏－北平	北平－新鄉	北平－榆林
架次		5	1	1	1
人員	名額	1	9		
	重量	95	660		
物資重量	彈藥	3,191	40	222	
	槍械	4,698			
	糧秣			234	
	器材	867			
	油料				
	被服				
	鈔款	100			840
總重量		8,951	700	456	840

地點		北平－石家莊	德縣－濟南	青島－濟南	錦州－長春
架次		16	3	294	3
人員	名額	22			
	重量	1,717			
物資重量	彈藥	16,158	5,490	618,605	4,422
	槍械	9,376			
	糧秣				
	器材	1,495			
	油料				
	被服				
	鈔款				
總重量		28,746	5,490	618,605	4,422

地點		北平－歸綏	北平－包頭	北平－瀋陽	北平－大同
架次		26	1	7	32
人員	名額	9			
	重量	675			
物資重量	彈藥	26,381	310	14,052	38,159
	槍械	2,123	450		4,111
	糧秣				
	器材	14,883			2,375
	油料	4,987			
	被服				
	鈔款	6,082			585
總重量		56,131	760	14,052	45,230

地點		北平－太原	北平－集寧	歸綏－大同	總計
架次		1	52	10	741
人員	名額				679
	重量				40,126
物資重量	彈藥	3,730		4,387	1,175,604
	槍械		2,095	2,000	32,411
	糧秣			12,000	12,954
	器材				58,175
	油料		115,010		119,997
	被服				50,162
	鈔款				24,675
總重量		3,730	117,105	18,387	1,523,102

附件五　三十五年度各地空運兵員數量統計表

重量：公斤

起訖地點		北平－長春 1月	武昌－濟南 1月	武昌－濟南 2月	武昌－濟南 3月
飛機架次	C-46				
	C-47	184	13	71	3
兵員	人數	3,724	322	1,492	99
	重量	408,515	28,944	136,168	6,593
械彈重量					
物資重量					
總重量		408,515	28,944	136,168	6,593

起訖地點		徐州－坊子 6月	徐州－濟南 6月	徐州－濟南 7月	歸綏－大同 8月
飛機架次	C-46	41	152	26	
	C-47		852		25
兵員	人數	2,347	26,859	343	559
	重量	159,644	2,007,016	25,440	51,409
械彈重量		22,060	608,450	55,040	
物資重量			54,575		
總重量		181,724	2,670,041	80,480	51,409

起訖地點		鄂縣－榆林	合計
飛機架次	C-46		219
	C-47	85	1,233
兵員	人數	2,158	37,904
	重量	151,215	2,974,964
械彈重量		30,858	716,408
物資重量			54,575
總重量		182,073	3,745,947

第二篇　36年度

卅六年共匪藉政治協商會議倡導和平陰謀之下，擴大叛亂，全國各地，發動大小戰役，不下數百次，其重要者，如東北之長春、德惠、農安、四平，華北之平漢、津浦兩線、石家莊、保定，陝北之延安、運城、榆林，蘇魯之臨沂、魯中、萊蕪、臨朐等役，莫不慘烈進行，我空軍對全國各役，均曾參加，其出動飛機架次及所獲戰果如附件二。

戰略之使用，對魯中匪後方之重要城鎮、華北之張垣、陝北之延安等匪區，及東北匪後之交通線，暨密山、佳木斯機場，則經常偵察，並實施戰略轟炸。

戰術之使用，以各戰鬥大隊之兵力，協同陸軍作戰，但因戰場眾多，各戰區均需空軍協力，以致兵力分散，實有單薄之感，然勉力設法使主力置於重要戰場，故雖兵力微小，仍能適應各地之要求，而達成任務。

本年度空軍戡亂作戰經過概況如附件一，出動飛機架次及戰果如附件二，空運陸軍軍品數量如附件三，空運陸軍兵員數量如附件四。

附件一　三十六年度空軍戡亂作戰經過概況表

戰役名稱	蘇魯邊區戰役
起止日期	1 月 1 日起 23 日止
出動飛機 種類與架次	B-25 轟炸機 43 架次 P-51 戰鬥機 212 架次
戰果	傷亡　匪八〇八〇名 斃　　馬二〇匹 毀　　房屋六五〇棟　汽車一四九輛 投　　糧彈九次 送　　命令一次 散　　傳單一次
作戰部隊	空軍第一大隊　空軍第三大隊 空軍第五大隊

戰役名稱	長春戰役（匪第一次攻勢）
起止日期	1 月 6 日起 23 日止
出動飛機 種類與架次	P-51 戰鬥機 47 架次
戰果	傷亡　匪四千餘人 斃　　牛馬百八十餘匹
作戰部隊	空軍第四大隊

戰役名稱	平漢津浦兩線戰役
起止日期	1 月起 2 月 3 日止
出動飛機 種類與架次	P-51 戰鬥機 77 架次 B-25 轟炸機 5 架次
戰果	傷亡　匪五千餘人 斃　　馬六十餘匹
作戰部隊	空軍第一大隊　空軍第四大隊

戰役名稱	魯南臨沂戰役	
起止日期	2 月 4 日起 16 日止	
出動飛機種類與架次	B-24 轟炸機 18 架次 B-25 轟炸機 40 架次 P-51 戰鬥機 165 架次 P-38 偵察機 4 架次	
戰果	傷亡　匪一二五五〇名 斃　　牛馬一八〇頭 毀　　房屋一四一二棟　　卡車一五輛 　　　板車五〇輛　　　　軍火庫一座 　　　橋梁一座　　　　　木船一艘 　　　牛馬車二五六輛	
作戰部隊	空軍第一大隊　　空軍第三大隊 空軍第五大隊　　空軍第八大隊 空軍第十二中隊	

戰役名稱	萊蕪戰役	
起止日期	2 月 22 日起 25 日止	
出動飛機種類與架次	B-25 轟炸機 31 架次 P-51 戰鬥機 196 架次	
戰果	傷亡　匪二八四二〇名 斃　　牛馬一一〇頭 毀　　房屋四七三棟　　卡車一三輛 　　　牛馬車一二五輛　　板車二〇〇輛 　　　木船三二隻　　　　工事一處 　　　陣地五處	
作戰部隊	空軍第一大隊　　空軍第三大隊 空軍第四大隊　　空軍第五大隊	

戰役名稱	德惠戰役（匪第二次攻勢）	
起止日期	2 月 22 日起 3 月 6 日止	
出動飛機種類與架次	P-51 戰鬥機 133 架次	
戰果	傷亡　匪一萬三千餘名 斃　　牛馬八百餘頭	
作戰部隊	空軍第四大隊	

戰役名稱	農安戰役（匪第三次攻勢）
起止日期	3 月 10 日起 21 日止
出動飛機 種類與架次	P-51 戰鬥機 141 架次 C-47 運輸機 255 架次
戰果	傷亡　匪萬餘人 斃　　牛馬五百餘頭
作戰部隊	空軍第四大隊　空運第一大隊

戰役名稱	延安會戰
起止日期	3 月 14 日起 19 日止
出動飛機 種類與架次	B-24 轟炸機 49 架次 B-25 轟炸機 90 架次 P-51 戰鬥機 63 架次 P-47 戰鬥機 90 架次 P-40 戰鬥機 52 架次 P-38 偵察機 8 架次
戰果	傷亡　匪二六六二〇名 斃　　馬一七三〇匹 毀　　屋一二四〇棟　　船二〇隻 　　　汽車二〇輛　　大車五〇輛 　　　工事三八一處
作戰部隊	空軍第一大隊　　空軍第五大隊 空軍第八大隊　　空軍第十一大隊 空軍第十二中隊

戰役名稱	石家莊戰役
起止日期	4 月 4 日起 17 日止
出動飛機 種類與架次	B-25 轟炸機 10 架次 P-51 戰鬥機 35 架次 P-38 偵察機 1 架次
戰果	傷亡　匪八九四九名 斃　　牛馬六三〇頭 毀　　屋工事四處　　房屋二〇〇棟 　　　木船一隻　　　　橋梁一座 　　　牛馬車三八輛　　碉堡三座
作戰部隊	空軍第一大隊　　空軍第四大隊 空軍第十二中隊

戰役名稱	第一次保衛運城戰役
起止日期	4 月 12 日起 5 月 13 日止
出動飛機 種類與架次	P-40 戰鬥機 28 架次 P-47 戰鬥機 258 架次 B-25 轟炸機 80 架次 C-47 運輸機 8 架次
戰果	傷亡　匪一五八四〇名 斃　　馬三五八匹 毀　　牛馬車一一六二輛　工事二〇處 　　　卡車一五輛
作戰部隊	空軍第一大隊　空軍第十一大隊 空運第一大隊

戰役名稱	沂蒙山區戰役
起止日期	4 月 21 日起 5 月 21 日止
出動飛機 種類與架次	B-25 轟炸機 130 架次 P-51 戰鬥機 325 架次 P-38 偵察機 1 架次
戰果	傷亡　匪二八六〇〇名 斃　　牛馬五〇〇頭 毀　　房屋六七〇棟　　汽車二〇輛 　　　牛馬車四二五輛　板車二〇輛 　　　手推車一〇〇輛　木船二四隻 　　　砲兵陣地六處　　工事二八處 　　　陣地一七處　　　砲三門
作戰部隊	空軍第一大隊　　空軍第三大隊 空軍第四大隊　　空軍第五大隊 空軍第十二中隊

戰役名稱	四平街戰役
起止日期	5 月 1 日起 6 月 30 日止
出動飛機 種類與架次	P-51 戰鬥機 700 架次 C-47 運輸機 327 架次
戰果	傷亡　匪三千餘名 毀　　牛馬車二千餘輛　汽車五八輛 　　　木船二二隻
作戰部隊	空軍第四大隊　空運第一大隊

戰役名稱	津浦線北段戰役	
起止日期	6 月 12 日起 23 日止	
出動飛機 種類與架次	B-25 轟炸機 6 架次 P-51 戰鬥機 24 架次	
戰果	傷亡　匪九〇〇名 斃　　牛馬四〇〇頭 毀　　房屋八〇棟　　　木船二一隻 　　　火車頭三個　　　汽車三〇輛 　　　牛馬車一三〇輛	
作戰部隊	空軍第一大隊　空軍第四大隊	

戰役名稱	保定戰役
起止日期	6 月 25 日起 7 月 5 日止
出動飛機 種類與架次	B-25 轟炸機 3 架次 P-51 戰鬥機 45 架次 P-38 偵察機 3 架次
戰果	傷亡　匪六七七名 斃　　牛馬一三九頭 毀　　工事三座　　　　房屋七九棟 　　　木船一六隻　　　火車廂八節 　　　牛馬車一八九輛　卡車三輛
作戰部隊	空軍第一大隊　　　空軍第四大隊 空軍第十二中隊

戰役名稱	魯中會戰及臨朐戰役	
起止日期	6 月 25 日起 7 月 21 日止	
出動飛機 種類與架次	B-24 轟炸機 22 架次 B-25 轟炸機 361 架次 P-51 戰鬥機 2375 架次 P-47 戰鬥機 185 架次 P-40 戰鬥機 2 架次 P-38 偵察機 3 架次 C-46 運輸機 37 架次 C-47 運輸機 21 架次 PT-19 偵察機 70 架次	
戰果	傷亡　匪八四〇一二名 斃　　牛馬二五八八頭 毀　　房屋五三三七棟　　汽車二九輛 　　　牛馬車六九三〇輛　砲車三輛 　　　木船一五六一隻　　橋梁一座 　　　工事三三七處　　　砲四門 　　　機槍六挺　　　　　碉堡九個 　　　物資六四堆　　　　擔架一一二個 　　　倉庫二座	
作戰部隊	空軍第一大隊　空軍第三大隊 空軍第四大隊　空軍第五大隊 空軍第八大隊　空運第一大隊 空運第二大隊　空軍第十二中隊	

戰役名稱	第一次榆林保衛戰	
起止日期	8 月 5 日起 13 日止	
出動飛機 種類與架次	P-40 戰鬥機 54 架次 P-47 戰鬥機 6 架次 C-46 運輸機 27 架次 C-47 運輸機 13 架次 B-25 轟炸機 18 架次	
戰果	傷亡　匪三四八〇名 斃　　牛馬三三七頭 毀　　工事十二處　　　房屋二四〇棟 　　　木船十隻　　　　牛馬車二〇輛 　　　碉堡三處	
作戰部隊	空軍第一大隊　空軍第十一大隊 空運第一大隊　空運第二大隊	

戰役名稱	匪陳賡竄渡黃河戰役
起止日期	8月23日起10月11日止
出動飛機 種類與架次	P-51 戰鬥機 78 架次 B-25 轟炸機 78 架次 P-47 戰鬥機 382 架次 P-40 戰鬥機 12 架次 C-46 運輸機 3 架次 C-47 運輸機 27 架次
戰果	傷亡　匪一四五〇六名 斃　牛馬五八八頭 毀　工事一六一處　　房屋九一三棟 　　船二六三隻　　　牛馬車七五四輛
作戰部隊	空軍第一大隊　　空軍第三大隊 空軍第十一大隊　空運第一大隊 空運第二大隊

戰役名稱	板家窩鎮戰役
起止日期	9月9日起13日止
出動飛機 種類與架次	B-25 轟炸機 5 架次 P-51 戰鬥機 20 架次 P-38 偵察機 1 架次
戰果	傷亡　匪一八二〇名 斃　牛馬三一〇頭 毀　房屋六〇棟　　　木船四七隻 　　牛馬車一九〇輛　砲車八輛
作戰部隊	空軍第一大隊　　空軍第四大隊 空軍第十二中隊

戰役名稱	錦西戰役
起止日期	9月14日起11月11日止
出動飛機 種類與架次	P-51 戰鬥機 180 架次 C-47 運輸機 157 架次
戰果	傷亡　匪八千餘人
作戰部隊	空軍第四大隊　空運第一大隊

戰役名稱	徐水戰役
起止日期	10 月 6 日起 16 日止
出動飛機種類與架次	B-25 轟炸機 17 架次 P-51 戰鬥機 63 架次 C-47 運輸機 5 架次
戰果	傷亡　匪八○○○名 斃　　牛馬四○頭 毀　　房屋四三八棟　　木船九隻 　　　汽車一輛　　　牛馬車五一輛
作戰部隊	空軍第一大隊　空軍第四大隊 空運第一大隊

戰役名稱	第二次保衛運城戰役
起止日期	10 月 13 日起 11 月 16 日止
出動飛機種類與架次	B-25 轟炸機 23 架次 P-47 戰鬥機 34 架次 P-40 戰鬥機 13 架次 P-51 戰鬥機 11 架次 C-47 運輸機 2 架次
戰果	傷亡　匪三一六八名 斃　　牛馬九○頭 毀　　工事十二處　　房屋一六○棟 　　　木船十一隻　　牛馬車五五輛 　　　碉堡四處
作戰部隊	空軍第一大隊　　空軍第五大隊 空軍第十一大隊　空運第一大隊

戰役名稱	石家莊第二次戰役
起止日期	10 月 22 日起 11 月 11 日止
出動飛機種類與架次	B-24 轟炸機 38 架次 B-25 轟炸機 31 架次 P-51 戰鬥機 65 架次 C-47 運輸機 4 架次
戰果	傷亡　匪七千餘名 斃　　牛馬一一五頭 毀　　房屋八四九棟　　工事六處 　　　木船十三隻　　　汽車一輛 　　　牛馬車一五九輛　卡車三輛 　　　彈藥庫一座
作戰部隊	空軍第一大隊　空軍第四大隊 空軍第八大隊　空運第一大隊

戰役名稱	第二次榆林保衛戰
起止日期	10 月 26 日起 11 月 28 日止
出動飛機 種類與架次	P-40 戰鬥機 161 架次 P-47 戰鬥機 34 架次 P-51 戰鬥機 91 架次 B-25 轟炸機 61 架次 C-47 運輸機 28 架次 C-46 運輸機 80 架次
戰果	傷亡　匪一五○五八名 斃　　牛馬一九四四頭 毀　　工事一八二處　　房屋四三二棟 　　　木船十五隻　　　牛馬車三五輛 　　　碉堡四處
作戰部隊	空軍第一大隊　　空軍第五大隊 空軍第十一大隊　空運第一大隊 空運第二大隊

戰役名稱	海城戰役
起止日期	11 月 10 日起 12 月 2 日止
出動飛機 種類與架次	C-46 運輸機 66 架次 C-47 運輸機 1 架次 P-51 戰鬥機 133 架次
戰果	傷亡　匪六千餘人 斃　　牛馬十餘頭 毀　　工事八○處　房屋四○棟 　　　物資十堆　　牛馬車十輛
作戰部隊	空軍第四大隊　　空運第一大隊 空運第二大隊

戰役名稱	陽山金鄉戰役
起止日期	11 月 11 日起 26 日止
出動飛機 種類與架次	B-25 轟炸機 16 架次 P-51 戰鬥機 119 架次 C-47 運輸機 1 架次
戰果	傷亡　匪三千名 斃　　牛馬十頭 毀　　房屋三○○棟　牛馬車五○輛 　　　工事二○處
作戰部隊	空軍第一大隊　　空軍第三大隊 空運第一大隊

戰役名稱	萊陽戰役
起止日期	12 月 4 日起 13 日止
出動飛機 種類與架次	B-25 轟炸機 16 架次 P-51 戰鬥機 94 架次 C-46 運輸機 16 架次 C-47 運輸機 3 架次
戰果	傷亡　匪二千餘人 斃　　牛馬二十餘頭 毀　　房屋一五〇棟　工事二〇處 　　　牛馬車十輛
作戰部隊	空軍第一大隊　空軍第三大隊 空軍第五大隊　空運第一大隊 空運第二大隊

附件二　三十六年度空軍出動飛機架次及戰果統計表

機種機數

軍區 活動區域	第一軍區 東九省	第二軍區 冀熱察綏	第三軍區 豫魯晉陝寧
B-24		134	61
B-25	400	245	641
C-46		1	292
C-47		29	133
P-38	38	54	9
P-40			1,068
P-47			1,744
P-51	2,905	2,957	512
PT-19	2		
小計	3,345	3,420	4,460

軍區 活動區域	第四軍區 蘇皖魯豫鄂	第五軍區 川康	總計
B-24	71		266
B-25	1,315		2,604
C-46	370		663
C-47	64		226
P-38	37		138
P-40		12	1,080
P-47			1,744
P-51	7,097		13,471
PT-19	84		86
小計	9,038	12	20,275

消耗

軍區	第一軍區	第二軍區	第三軍區
活動區域	東九省	冀熱察綏	豫魯晉陝寧
炸彈（噸）	457.9	645.3	663.7
子彈（發）	2,146,468	1,303,347	1,906,616

軍區	第四軍區	第五軍區	總計
活動區域	蘇皖魯豫鄂	川康	
炸彈（噸）	2,301.0	1.2	4,069.1
子彈（發）	4,786,828		10,143,259

戰果

軍區	第一軍區	第二軍區	第三軍區
活動區域	東九省	冀熱察綏	豫魯晉陝寧
傷亡匪	156,197	159,017	210,396
斃傷牛馬	6943	11,369	11,213
毀工事	350	127	577
毀房屋	3,684	4,806	7,648
毀木船	138	648	801
毀橋梁	2	4	15
毀火車	節 211 頭 63	節 40 頭 3	
毀汽車	207	189	142
毀牛馬車	7140	8,167	6,360
散發傳單	6		
掩護投糧彈	3		2
毀碉堡			3
毀坦克車	3		
毀物資			
毀飛機	1		
毀倉庫	3		
毀彈藥庫		5	
毀飛機啟動車	3		
毀板車			
毀砲車			

軍區 活動區域	第四軍區 蘇皖魯豫鄂	第五軍區 川康	總計
傷亡匪	264,349		790,159
斃傷牛馬	8,033		27,358
毀工事	618		1,672
毀房屋	19,949		36,087
毀木船	2,479		4,066
毀橋梁			21
毀火車			節 251 頭 66
毀汽車	390		928
毀牛馬車	6,071		27,738
散發傳單	6		12
掩護投糧彈			5
毀碉堡	13		16
毀坦克車			3
毀物資	298		298
毀飛機			1
毀倉庫			3
毀彈藥庫			5
毀飛機啟動車			3
毀板車	370		370
毀砲車	8		8

附件三　三十六年度空運陸軍軍品統計總表

重量：公斤

日期	地點	架次	名稱	重量
1/1-12/31	各地至各地	C-46 x 416 C-47 x 12	物資軍品	1,284,858
1/3-4/30	太原至大同等地	C-46 x 2 C-47 x 16	械彈款	25,073
1/1-4/6	新鄉安陽至永年等	C-47 x 400	糧彈藥品	858,462
1/5-7/15	北平至石莊隆化等	C-46 x 11 C-47 x 90	械彈糧款	161,371
1/18-12/31	西安投陝北各地	C-46 x 225 C-47 x 120	械彈糧款	1,041,135
1-5/24	青島至坊子濟南	C-46 x 13 C-47 x 16	彈藥器材	73,659
3/4-7/31	濟南至坊子等地	C-46 x 25 C-47 x 45	糧彈物資	129,283
3/6-12/19	瀋陽至東北等地	C-46 x 204 C-47 x 83	糧款彈	794,494
3/10-3/25	南京至陝濟青等	C-46 x 8	器材	12,809
3/15-3/16	長春投農安	C-47 x 2	彈藥	3,032
4/12-7/30	新鄉至安陽	C-46 x 82 C-47 x 261	糧彈物資	649,610
4/12-4/26	新鄉投湯陰	C-47 x 13	彈藥	25,468
4/28-4/30	大同至太原	C-47 x 15	彈藥	33,809
4/28-5/9	鄭州至新鄉	C-47 x 1	鈔票	321
7/1-10/20	瀋陽至四平街	C-46 x 1 C-47 x 201	軍品	572,943
7/3-12/31	徐州投魯東等地	C-46 x 487 C-47 x 45	糧款械彈	1,583,482
7/16-7/31	鄭州至安陽	C-46 x 20	糧款軍品	43,055
7/16-7/31	開封至安陽	C-46 x 5	彈款	14,710
10/9-12/25	漢口投商城等	C-46 x 61 C-47 x 7	糧款彈械物資	213,391
10/20-12/28	坊子至青島	C-46 x 47	彈藥	137,320
10/28-12/27	西安至運城	C-46 x 24 C-47 x 3	糧彈	73,128
10/29-12/29	西安至榆林	C-46 x 61 C-47 x 66	糧款彈	334,196
11/15-11/24	瀋陽至長春	C-46 x 164	新一軍軍品	468,505
11/11-12/13	青島投萊陽等地	C-46 x 44 C-47 x 1	糧款彈	144,290
11/15-11/27	西安投寧夏兵團	C-46 x 18	糧	58,706
11/25-11/27	鄭州投寧夏兵團	C-46 x 10	麵粉	33,962
12/9-12/31	鄭州投榆林	C-46 x 28	麵粉彈藥	91,552
12/9-12/31	鄭州投安陽	C-46 x 7	彈械	26,896

日期	地點	架次	名稱	重量
12/25-12/29	北平投瀋陽	C-46 x 12	彈藥	39,686
12/25-12/30	漢口投鄖城	C-46 x 9 C-47 x 1	彈款	30,885
12/23-12/31	漢口投確山	C-46 x 12	彈藥	37,716
12/23-12/29	南京至鹽城	C-47 x 1	彈藥	2,000
8/23-10/27	鄭州投韓城一帶	C-46 x 12 C-47 x 8	糧款彈	52,176
合計		C-46 x 2,008 C-47 x 1,407	軍品	9,051,983

附件四　三十六年度空運陸軍兵員統計總表

重量：公斤

日期	地點	架次	名稱	數量（名）	重量
1/1-12/31	各地至各地	C-46 x 18 C-47 x 46	將領及要人專機	3,649	146,136
3/11-3/13	台北至嘉義	C-47 x 15	21 師官兵	340	33,153
4/3-4/12	西安至榆林	C-46 x 1 C-47 x 174	胡宗南部	4,490	375,170
4/25-4/27	安陽至新鄉	C-46 x 21	官兵	861	68,651
4/22-7/26	新鄉至安陽	C-46 x 62 C-47 x 11	40 師官兵	2,409	242,048
4/26-7/26	坊子至青島	C-46 x 1 C-47 x 13	第 8 軍傷兵兵員	364	22,641
4/14-4/17	北平至石家莊	C-46 x 38 C-47 x 2	22 師官兵	1,906	157,743
7/1-10/20	瀋陽至四平街	C-47 x 48	官兵	144	11,520
7/10-7/14	長春至瀋陽	C-46 x 10	新一軍官兵	239	20,978
7/15-7/20	安陽至鄭州開封	C-46 x 174 C-47 x 1	40 師官兵	9,719	690,161
7/20-7/21	西安至運城	C-46 x 35 C-47 x 2	36 師官兵	1,841	140,263
9/14-9/16	漢口至西安	C-46 x 46 C-47 x 1	官兵	2,282	186,636
9/16-9/18	運城至西安	C-46 x 98 C-47 x 1	官兵	5,495	423,604
9/16-9/21	鄭州至西安	C-46 x 164	官兵	9,658	659,364
9/14-10/10	榆林至西安	C-47 x 179	官兵	5,684	434,179
9/21-10/18	臨汾至西安	C-46 x 158	官兵	7,676	609,697
11/3-11/4	保定至石家莊	C-46 x 23 C-47 x 21	三砲營官兵	1,443	137,832
11/8-11/20	西安至沙王府	C-47 x 26	第十師官兵	688	55,268
11/15-1/24	瀋陽至長春	C-46 x 61	新一軍官兵	2,721	273,122
11/15-1/24	長春至瀋陽	C-46 x 224	新一軍官兵	9,040	854,897
11/25-2/25	西安至榆林	C-47 x 86	第一批 83 旅	1,791	178,992
12/9-12/13	安陽至鄭州	C-46 x 7	40 師砲兵幹部	289	26,420
12/9-12/14	西安至榆林	C-46 x 3 C-47 x 96	第二批 83 旅	2,161	230,134
12/9-12/31	安陽至鄭州	C-46 x 1	官兵	40	4,355
7/16-7/31	鄭州至安陽	C-46 x 1	官兵	9	729
7/16-7/31	開封至安陽	C-46 x 1	官兵	1	80
1/5-7/15	北平至石家莊隆化等	C-46 x 1	官兵	45	3,600
合計		C-46 x 1,148 C-47 x 722	官兵	74,985	5,987,379

第三篇　37 年度

　　卅七年戡亂戰事，自三月二日匪陷宜川，震撼西安。五月十八日陷臨汾，進圍太原。六月廿一日陷開封，深入豫南，黃淮流域已遍地烽煙。及至十一月一日錦州、瀋陽相繼撤守，東北匪軍蜂擁入關，圍攻平津，關內外匪軍連成一片。至徐州會戰之際，國軍節節失利，大局逆轉。至本年底上自關隴，中經武漢，下迄京滬，各地區之國軍，因未能掌握民眾，實施總體戰，及缺乏密切之連繫，而陷於支離或被包圍苦鬥之中。我空軍曾傾全力支援陸海軍之作戰，雖獲得戰果甚多，而終難挽回頹勢。

　　本年度空軍戡亂作戰經過概況如附件一，出動飛機架次及戰果如附件二，空運陸軍軍品數量如附件三，空運陸軍兵員數量如附件四。

附件一 三十七年度空軍戡亂作戰經過概況表

戰役名稱	公主嶺戰役
起止日期	1 月 3 日起 10 日止
出動機種架次	B-24 轟炸機 16 架次 B-25 轟炸機 36 架次 P-51 戰鬥機 142 架次 P-38 偵察機 1 架次
戰果	傷亡　匪六七九二名 斃　　牛馬一三〇頭 毀　　工事六處　　　房屋六八棟 　　　火車三輛　　　汽車一〇七輛
作戰部隊	空軍第一大隊　空軍第四大隊 空軍第八大隊　空軍第十二中隊

戰役名稱	遼陽鞍山戰役
起止日期	1 月 28 日起 2 月 20 日止
出動機種架次	B-24 轟炸機 18 架次 B-25 轟炸機 76 架次 P-51 戰鬥機 291 架次 C-47 運輸機 1 架次
戰果	傷亡　匪二二五四六名 斃　　牛馬二五八頭 毀　　房屋五四二棟　　火車頭八個 　　　火車廂一五節　　汽車二輛 　　　牛馬車四五六輛　砲一門
作戰部隊	空軍第一大隊　空軍第四大隊 空軍第八大隊　空軍第十大隊

戰役名稱	開原戰役
起止日期	2 月 22 日起 29 日止
出動機種架次	B-24 轟炸機 20 架次 B-25 轟炸機 8 架次 P-51 戰鬥機 76 架次 P-38 偵察機 2 架次
戰果	傷亡　匪二八〇〇名 斃　　牛馬二五頭 毀　　工事三處　　　房屋一六二棟 　　　火車頭三個　　　汽車九輛 　　　牛馬車一七一輛
作戰部隊	空軍第一大隊　空軍第四大隊 空軍第八大隊　空軍第十二中隊

戰役名稱	宜川戰役
起止日期	2 月 24 日起 3 月 6 日止
出動機種架次	B-24 轟炸機 5 架次 B-25 轟炸機 11 架次 P-40 戰鬥機 27 架次 P-47 戰鬥機 29 架次 C-47 運輸機 2 架次
戰果	傷亡　匪八八四五名 斃　　牛馬一五〇頭 毀　　工事六五處　　　房屋七五棟 　　　木船二六隻　　　汽車二輛 　　　牛馬車二八九輛
作戰部隊	空軍第一大隊　空軍第八大隊 空軍第十大隊　空軍第十一大隊

戰役名稱	四平街戰役
起止日期	2 月 27 日起 3 月 12 日止
出動機種架次	B-25 轟炸機 9 架次 P-51 戰鬥機 41 架次 P-38 偵察機 1 架次
戰果	傷亡　匪一四四〇名 斃　　牛馬七匹 毀　　工事六處　　　房屋五〇棟 　　　火車頭六個　　　火車廂二節 　　　汽車六輛　　　　牛馬車八〇輛
作戰部隊	空軍第一大隊　　空軍第四大隊 空軍第十二中隊

戰役名稱	洛陽戰役
起止日期	3 月 6 日起 16 日止
出動飛機 種類與架次	P-40 戰鬥機 7 架次 P-47 戰鬥機 22 架次
戰果	傷亡　匪一七五〇名 斃　　牛馬一五〇頭 毀　　汽車五輛　　　牛馬車一〇一輛
作戰部隊	空軍第十一大隊

戰役名稱	臨汾戰役
起止日期	3 月 7 日起 5 月 20 日止
出動機種架次	B-24 轟炸機 30 架次 B-25 轟炸機 59 架次 P-47 戰鬥機 259 架次 P-51 戰鬥機 226 架次 C-46 運輸機 9 架次 C-47 運輸機 30 架次
戰果	傷亡　匪一九六八八名 斃　　牛馬五四五匹 毀　　工事二三三處　　　房屋一一二〇棟 　　　木船二三隻　　　　火車廂十節 　　　汽車一一一六輛　　牛馬車七〇輛 　　　碉堡一六座　　　　彈藥庫一座 散發　傳單一萬份
作戰部隊	空軍第一大隊　　空軍第四大隊 空軍第八大隊　　空軍第十大隊 空軍第十一大隊　空軍第二十大隊

戰役名稱	黃龍山區戰役
起止日期	3 月 8 日起 4 月 29 日止
出動機種架次	P-40 戰鬥機 147 架次 P-47 戰鬥機 200 架次 C-46 運輸機 2 架次 C-47 運輸機 14 架次 B-25 轟炸機 43 架次
戰果	傷亡　匪一五二八〇名 斃　　牛馬一二三頭 毀　　工事一五八處　　　房屋三五〇棟 　　　木船二八隻　　　　火車廂十節 　　　汽車十一輛　　　　牛馬車六九〇輛 　　　碉堡六座 散發　傳單一萬份
作戰部隊	空軍第一大隊　　空軍第十大隊 空軍第十一大隊　空軍第二十大隊

戰役名稱	周村潛川戰役		
起止日期	3月10日起21日止		
出動機種架次	B-25 轟炸機 17 架次 P-51 戰鬥機 96 架次 C-46 運輸機 4 架次 C-47 運輸機 3 架次		
戰果	傷亡　匪四三一一名 斃　　牛馬六五頭 毀　　工事一八處　　　房屋三〇〇棟 　　　木船三四隻　　　牛馬車五七輛 　　　砲六門　　　　　倉庫一座		
作戰部隊	空軍第一大隊　空軍第四大隊 空軍第十大隊　空軍第二十大隊		

戰役名稱	平綏東段戰役		
起止日期	3月22日起30日止		
出動機種架次	B-24 轟炸機 9 架次 B-25 轟炸機 19 架次 P-51 戰鬥機 81 架次 P-38 偵察機 4 架次		
戰果	傷亡　匪三六一五名 斃　　牛馬一三七頭 毀　　房屋一八三棟　橋梁一座 　　　汽車三輛　　　　牛馬車三七輛		
作戰部隊	空軍第一大隊　空軍第四大隊 空軍第八大隊　空軍第十二中隊		

戰役名稱	阜陽戰役		
起止日期	3月29日起4月12日止		
出動機種架次	B-25 轟炸機 16 架次 P-51 戰鬥機 250 架次 C-46 運輸機 13 架次 C-47 運輸機 11 架次		
戰果	傷亡　匪一一五九〇名 斃　　牛馬九五頭 毀　　工事一一四處　　房屋二五五棟 　　　橋梁二座　　　　汽車二三二輛 　　　牛馬車一六二輛 投　　通信袋四次		
作戰部隊	空軍第一大隊　空軍第四大隊 空軍第十大隊　空軍第二十大隊		

戰役名稱	濰縣保衛戰役
起止日期	4 月 8 日起 27 日止
出動機種架次	B-25 轟炸機 38 架次 P-51 戰鬥機 287 架次 C-46 運輸機 31 架次 C-47 運輸機 29 架次
戰果	傷亡　匪一八一〇八名 斃　　牛馬六〇頭 毀　　工事一一九處　　房屋一三五〇棟 　　　木船三二隻　　　橋梁二座 　　　汽車六輛　　　　牛馬車二七六輛 　　　碉堡十座
作戰部隊	空軍第一大隊　空軍第四大隊 空軍第十大隊　空軍第二十大隊

戰役名稱	涇渭河谷戰役
起止日期	4 月 16 日起 5 月 15 日止
出動機種架次	P-40 戰鬥機 78 架次 P-47 戰鬥機 77 架次 B-25 轟炸機 34 架次 C-47 運輸機 14 架次
戰果	傷亡　匪六九六〇名 斃　　牛馬二八五頭 毀　　工事一二五處　　房屋二五五棟 　　　木船十七隻　　　汽車五輛 　　　牛馬車二〇八輛　碉堡二座
作戰部隊	空軍第一大隊　　空軍第十大隊 空軍第十一大隊

戰役名稱	延安撤守戰役
起止日期	4 月 21 日起 30 日止
出動飛機種類與架次	P-40 戰鬥機 59 架次 P-47 戰鬥機 73 架次 C-46 運輸機 2 架次 C-47 運輸機 7 架次 B-25 轟炸機 19 架次
戰果	傷亡　匪六二五〇名 斃　　牛馬八匹 毀　　工事三〇處　　汽車二輛 　　　牛馬車九十輛　碉堡四座
作戰部隊	空軍第一大隊　　空軍第十大隊 空軍第十一大隊　空軍第二十大隊

戰役名稱	宛西戰役
起止日期	5 月 1 日起 22 日止
出動機種架次	B-25 轟炸機 4 架次 P-51 戰鬥機 47 架次 C-47 運輸機 8 架次
戰果	傷亡　匪一四〇五名 斃　　牛馬五一匹 毀　　工事一二處　　　房屋五八棟 　　　木船五一隻　　　牛馬車三〇輛 　　　汽車一六輛
作戰部隊	空軍第一大隊　空軍第四大隊 空軍第十大隊

戰役名稱	中原（黃泛區）戰役
起止日期	6 月 8 日起 7 月 7 日止
出動機種架次	B-24 轟炸機 74 架次 B-25 轟炸機 202 架次 P-47 戰鬥機 211 架次 P-51 戰鬥機 1,019 架次 C-46 運輸機 233 架次 C-47 運輸機 41 架次 P-38 偵察機 6 架次
戰果	傷亡　匪六九四五三名 斃　　牛馬一二〇一頭 毀　　工事八二七處　　　房屋五四一八棟 　　　木船一一九隻　　　汽車二五九輛 　　　牛馬車四一三〇輛　物資三六二堆 　　　吉普車二輛
作戰部隊	空軍第一大隊　　空軍第三大隊 空軍第五大隊　　空軍第八大隊 空軍第十大隊　　空軍第十一大隊 空軍第二十大隊　空軍第十二中隊

戰役名稱	開封戰役
起止日期	6 月 17 日起 22 日止
出動機種架次	B-24 轟炸機 4 架次 B-25 轟炸機 71 架次 P-47 戰鬥機 119 架次 P-51 戰鬥機 246 架次 C-46 運輸機 18 架次 C-47 運輸機 12 架次 P-38 偵察機 3 架次
戰果	傷亡　匪一九七九〇名 斃　　牛馬一六二頭 毀　　工事一二三處　　　房屋二三六五棟 　　　木船五五隻　　　　汽車三三輛 　　　牛馬車五七輛　　物資一堆 　　　手推車二〇輛
作戰部隊	空軍第一大隊　　空軍第八大隊 空軍第十大隊　　空軍第十一大隊 空軍第二十大隊　空軍第十二中隊

戰役名稱	豫東戰役
起止日期	6 月 28 日起 7 月 7 日止
出動機種架次	B-24 轟炸機 70 架次 B-25 轟炸機 82 架次 P-47 戰鬥機 58 架次 P-51 戰鬥機 543 架次 C-46 運輸機 48 架次 C-47 運輸機 24 架次 P-38 偵察機 2 架次
戰果	傷亡　匪三二一二〇名 斃　　牛馬八九九頭 毀　　工事五一六處　　　房屋一九六六棟 　　　木船十隻　　　　　汽車六六輛 　　　牛馬車三三六九輛　吉普車一輛 　　　手推車二八輛
作戰部隊	空軍第一大隊　　空軍第三大隊 空軍第五大隊　　空軍第八大隊 空軍第十大隊　　空軍第十一大隊 空軍第二十大隊　空軍第十二中隊

戰役名稱	濟南戰役
起止日期	8 月 16 日起 25 日止
出動機種架次	B-24 轟炸機 56 架次 B-25 轟炸機 12 架次 FB-26 轟炸機 42 架次 P-51 戰鬥機 328 架次 C-46 運輸機 11 架次 C-47 運輸機 30 架次
戰果	傷亡 匪一七九五〇名 斃 牛馬五〇頭 毀 工事一〇五處　　房屋五〇二棟 　　木船四隻　　　　火車頭三個 　　火車廂四節　　　汽車二二輛 　　手推車四〇輛　　堡壘四座 　　砲三門　　　　　物資八堆 散發 傳單一次 投 通信袋一次
作戰部隊	空軍第一大隊　　空軍第三大隊 空軍第四大隊　　空軍第五大隊 空軍第八大隊　　空軍第十大隊 空軍第二十大隊

戰役名稱	錦州戰役
起止日期	9 月 25 日起 10 月 16 日止
出動機種架次	B-24 轟炸機 125 架次 B-25 轟炸機 93 架次 P-51 戰鬥機 733 架次 P-38 偵察機 15 架次 C-46 運輸機 99 架次 C-47 運輸機 51 架次 FB-26 轟炸機 52 架次
戰果	傷亡 匪三八九七六名 斃 牛馬八四二頭 毀 工事一〇三處　　房屋七〇一棟 　　木船一四隻　　　火車頭四八個 　　火車廂五一節　　汽車一八六輛 　　牛馬車七三一輛　手推車七輛 　　路軌二處　　　　物資五堆 　　裝甲車三〇輛　　碉堡一座
作戰部隊	空軍第一大隊　　空軍第四大隊 空軍第五大隊　　空軍第八大隊 空軍第十大隊　　空軍第二十大隊 空軍第十二中隊

戰役名稱	太原戰役
起止日期	10 月 4 日起 12 月 31 日止 （該項戰役 37 年底尚未結束）
出動機種架次	B-24 轟炸機 32 架次 B-25 轟炸機 24 架次 P-40 戰鬥機 102 架次 P-47 戰鬥機 60 架次 P-51 戰鬥機 60 架次 P-38 偵察機 5 架次 FB-26 轟炸機 13 架次 C-47 運輸機 18 架次
戰果	傷亡　匪一一七八九名 斃　　牛馬一九四頭 毀　　工事一〇一處　　　房屋二〇一棟 　　　木船一七隻　　　　火車頭二個 　　　汽車五輛　　　　　牛馬車一一六四輛 　　　物資二五堆
作戰部隊	空軍第一大隊　　空軍第四大隊 空軍第八大隊　　空軍第十大隊 空軍第十一大隊　空軍第十二中隊

戰役名稱	徐蚌戰役
起止日期	11 月 4 日起 12 月 31 日止 （該項戰役 37 年底尚未結束）
出動機種架次	B-24 轟炸機 470 架次 B-25 轟炸機 113 架次 P-47 戰鬥機 269 架次 P-51 戰鬥機 1,840 架次 C-46 運輸機 115 架次 C-47 運輸機 109 架次 F-5 偵察機 30 架次 F-10 偵察機 11 架次 FB-26 轟炸機 450 架次
戰果	傷亡　匪二七三八五〇名 斃　　牛馬一〇九五頭 毀　　工事五九〇處　　　房屋一一三七棟 　　　木船七二二隻　　　橋梁五座 　　　火車頭一六個　　　火車廂三節 　　　汽車三七一輛　　　牛馬車一八一一輛 　　　戰車四輛　　　　　砲六門 　　　手推車一六〇輛
作戰部隊	空軍第一大隊　　空軍第三大隊 空軍第四大隊　　空軍第五大隊 空軍第八大隊　　空軍第十大隊 空軍第二十大隊

戰役名稱	榆林第二次戰役
起止日期	11 月 26 日起 28 日止
出動機種架次	P-51 戰鬥機 91 架次 P-40 戰鬥機 161 架次 P-47 戰鬥機 34 架次 B-25 轟炸機 61 架次 C-46 運輸機 80 架次 C-47 運輸機 28 架次
戰果	傷亡　匪一五〇五八名 斃　　牛馬一九四四頭 毀　　工事一八二處　　房屋四三二棟 　　　木船一五隻　　　牛馬車三五輛 　　　堡壘四處
作戰部隊	空軍第一大隊　　空軍第四大隊 空軍第十大隊　　空軍第十一大隊 空軍第二十大隊

附件二　三十七年度出動飛機架次及戰果統計表

機種機數

軍區	第一軍區	第二軍區	第三軍區	第四軍區	總計
B-24		677	5	387	1,069
B-25	371	621	292	487	1,771
P-38	23	126	2	69	220
P-40			952		952
P-47		8	1,528	220	1,756
P-51	2,023	4,658	42	5,180	11,903
M-Q		192		592	784
C-47	33	148	83	148	412
C-46	5	14		212	231
小計	2,455	6,444	2,904	7,295	19,098

消耗

軍區	第一軍區	第二軍區	第三軍區	第四軍區	總計
炸彈（磅）	792,102	3,288,038	779,419	2,627,722	7,487,281
子彈（發）	1,065,335	2,317,599	1,663,649	78,157,730	83,204,313

戰果

軍區	第一軍區	第二軍區	第三軍區	第四軍區	總計
傷亡匪	75,819	212,341	124,185	393,411	805,756
斃傷牛馬	3,972	6,533	3,937	3,815	18,251
毀工事	200	879	1,262	1,602	3,943
毀房屋	4,762	7,335	2,926	7,364	22,381
毀木船	13	399	340	2,045	2,797
毀橋梁	8	36	4	21	68
毀火車	頭 243 廂 685	頭 41 廂 179	頭 35 廂 92	頭 7 廂 148	頭 326 廂 1,104
毀汽車	376	644	236	876	2,132
毀牛馬車	2,493	3,639	7,516	5,151	18,799
散發傳單	2	2	4	24	32
毀砲	21	9	10	15	55
毀物資	50	107	37	108	302
毀倉庫	18	31		48	97
毀手推車	50	250	225	1,560	2,085
毀汽油			400	10	410
毀路軌	74	16			90
毀碉堡		21	3	12	36

附件三　三十七年度空運空投陸軍軍品統計表

重量：公斤

月份	出動次數（架次）	運投軍品		
		空運	空投	合計
1 月份	316	519,126	376,671	895,797
2 月份	368	560,549	455,250	1,015,799
3 月份	174	349,377	95,652	445,029
4 月份	418	796,940	323,136	1,120,076
5 月份	497	905,317	462,693	1,368,010
6 月份	853	1,380,576	958,266	2,338,842
7 月份	1,466	2,662,214	1,713,483	4,375,697
8 月份	772	1,388,897	1,435,227	2,824,124
9 月份	7658	871,886	1,839,500	2,711,386
10 月份	614	1,015,328	983,983	1,999,311
11 月份	498	863,530	672,970	1,566,500
12 月份	580	57,976	1,769,305	1,827,281
總計	7,324	11,401,716	11,086,136	22,487,852

附件四　三十七年度空運陸軍兵員統計表

重量：公斤

月份	出動次數（架次）	運出兵員	
		數量	重量
1 月份	1	12	2,583
2 月份	8	252	20,454
3 月份	354	14,541	1,196,531
4 月份	588	20,251	1,604,080
5 月份	22	771	62,648
6 月份	456	15,493	1,540,916
7 月份	517	17,903	1,310,282
8 月份	516	17,886	1,353,609
9 月份	405	11,983	934,256
10 月份	118	2,593	209,606
11 月份	407	12,840	1,115,600
12 月份	21	866	86,940
總計	3,413	115,191	9,477,505

第四篇　38 年度

卅八年一月以後，戰局日形惡化，至四月間，匪突破長江防線，南京、上海等處重要基地，先後淪陷，匪續向華西、華南竄犯，我空軍奉令疏散大陸上人員、物資至台灣，同時與陸海軍聯合作戰，使匪不斷遭遇阻擊，暨對匪實施海空封鎖，又參加福州、平潭島、衡陽、金廈、廣州、登步島、重慶諸戰役，均收陸海空軍協同作戰之效果，並實施戰略轟炸，澈底摧毀匪區江南造船廠、淮南煤礦場、真茹國際電台、南京廣播電台及水電廠，另攻擊津浦、京滬、浙贛、粵漢等鐵路線，使匪補給阻斷，交通癱瘓，復封鎖匪區各港口，擊沉叛艦重慶、長治兩號，及大小匪船，為數甚夥。我空軍一年來廣泛攻擊成果，不但打破匪速戰速決之迷夢，且粉碎匪偷襲台灣之企圖。

本年度空軍戡亂作戰經過概況如附件一，出動飛機架次及戰果如附件二，空運陸軍兵員暨空投空運陸軍軍品數量如附件三。

附件一　卅八年度空軍戡亂作戰經過概況表

戰役名稱	徐蚌會戰
起止日期	1 月 1 日起 15 日止
出動機種架次	FB-26 轟炸機 3 架次
戰果	傷亡　匪五〇名 毀　　牛馬車二〇輛
作戰部隊	空軍第一大隊

戰役名稱	太原戰役
起止日期	1 月 1 日起 4 月 24 日止
出動機種架次	B-25 轟炸機 4 架次 P-47 戰鬥機 7 架次
戰果	傷亡　匪一二〇名 斃　　牛馬六頭 毀　　汽車四輛
作戰部隊	空軍第一大隊　空軍第十一大隊

戰役名稱	江防戰役
起止日期	1 月 5 日起 5 月 26 日止
出動機種架次	B-24 轟炸機 43 架次 B-25 轟炸機 72 架次 P-51 戰鬥機 445 架次 P-47 戰鬥機 4 架次 F-5 偵察機 8 架次 F-10 偵察機 1 架次 FB-26 轟炸機 316 架次 C-47 運輸機 25 架次
戰果	傷亡　匪四六六〇三名 斃　　牛馬四六六頭 毀　　工事一〇四處　　　房屋二六六棟 　　　船隻一九六七隻　　橋梁二座 　　　火車頭四三個　　　火車廂一八七個 　　　汽車二〇六輛　　　牛馬車一七七輛 　　　飛機三架　　　　　大砲二門
作戰部隊	空軍第一大隊　空軍第三大隊 空軍第五大隊　空軍第八大隊 空軍第十大隊　空軍第十二中隊

戰役名稱	上海戰役	
起止日期	5 月 12 日起 26 日止	
出動機種架次	B-24 轟炸機 16 架次 B-25 轟炸機 52 架次 FB-26 轟炸機 73 架次 P-51 戰鬥機 144 架次 C-47 運輸機 4 架次 F-10 偵察機 1 架次	
戰果	傷亡　匪一七六三五名 斃　　牛馬五八頭 毀　　工事一〇〇處　　　房屋二二四棟 　　　　船隻二五九隻　　　火車頭二個 　　　　汽車四三輛　　　　牛馬車八輛	
作戰部隊	空軍第一大隊　空軍第三大隊 空軍第五大隊　空軍第八大隊 空軍第十大隊　空軍第十二中隊	

戰役名稱	福州保衛戰役	
起止日期	8 月 3 日起 17 日止	
出動機種架次	B-25 轟炸機 5 架次 FB-26 轟炸機 10 架次 P-47 戰鬥機 6 架次 AT-6 偵察機 7 架次 F-10 偵察機 2 架次	
戰果	傷亡　匪一三三〇名 斃　　牛馬一三匹 毀　　工事十處　　　　房屋五棟 　　　　船隻一四隻　　　橋梁一座 　　　　汽車三輛　　　　倉庫一棟	
作戰部隊	空軍第一大隊　　空軍第五大隊 空軍第十二中隊	

戰役名稱	平潭島戰役
起止日期	9 月 16 日起 19 日止
出動機種架次	B-25 轟炸機 1 架次 FB-26 轟炸機 23 架次 P-51 戰鬥機 15 架次 P-47 戰鬥機 16 架次 F-10 偵察機 1 架次
戰果	傷亡　匪二七七〇名 毀　　房屋二六棟　　　木船一七七隻 　　　輪船一艘　　　　汽船十艘 　　　汽車三輛
作戰部隊	空軍第一大隊　　空軍第五大隊 空軍第十二中隊

戰役名稱	衡郡戰役
起止日期	8 月 5 日起 10 月 8 日止
出動機種架次	B-25 轟炸機 51 架次 FB-26 轟炸機 242 架次 P-51 戰鬥機 36 架次 F-10 偵察機 4 架次 C-46 運輸機 20 架次 C-47 運輸機 4 架次
戰果	傷亡　匪一八七七四名 斃　　牛馬六八〇頭 毀　　工事三九處　　　房屋二六〇棟 　　　木船六六五隻　　汽船二四艘 　　　橋梁十一座　　　汽車三一九輛 　　　馬車五〇〇輛
作戰部隊	空軍第一大隊　　空軍第三大隊 空軍第四大隊　　空軍第十大隊 空軍第二十大隊

戰役名稱	金廈戰役	
起止日期	9 月 19 日起 11 月 25 日止	
出動機種架次	B-24 轟炸機 31 架次 B-25 轟炸機 7 架次 P-51 戰鬥機 231 架次 P-47 戰鬥機 73 架次 FB-26 轟炸機 94 架次 AT-6 偵察機 9 架次 C-46 運輸機 8 架次 C-47 運輸機 4 架次 F-5 偵察機 5 架次 F-10 偵察機 6 架次	
戰果	傷亡　匪三四二四名 斃　　牛馬六八頭 毀　　工事六〇處　　　房屋一三一棟 　　　木船二五三〇隻　汽船二二隻 　　　輪船一艘　　　　汽車二〇輛 　　　牛馬車二三輛　　大砲一門	
作戰部隊	空軍第一大隊　　空軍第三大隊 空軍第四大隊　　空軍第五大隊 空軍第八大隊　　空軍第十大隊 空軍第二十大隊　空軍第十二中隊	

戰役名稱	廈門戰役	
起止日期	10 月 15 日起 17 日止	
出動機種架次	B-25 轟炸機 12 架次 FB-26 轟炸機 2 架次 P-51 戰鬥機 46 架次 P-47 戰鬥機 29 架次 C-46 運輸機 2 架次 C-47 運輸機 1 架次 F-5 偵察機 2 架次 F-10 偵察機 1 架次 AT-6 偵察機 1 架次	
戰果	傷亡　匪一九五七名 毀　　陣地二三處　　房屋八棟 　　　木船三五四隻　汽船五隻 　　　汽車三輛	
作戰部隊	空軍第一大隊　　空軍第四大隊 空軍第五大隊　　空軍第十大隊 空軍第十二中隊	

戰役名稱	廣州戰役
起止日期	10 月 8 日起 15 日止
出動機種架次	P-51 戰鬥機 20 架次
戰果	傷亡　匪九三〇名
作戰部隊	空軍第三大隊

戰役名稱	登步島戰役
起止日期	11 月 18 日起 12 月 6 日止
出動機種架次	B-25 轟炸機 3 架次 FB-26 轟炸機 7 架次 P-51 戰鬥機 7 架次 C-46 運輸機 1 架次 AT-6 偵察機 4 架次
戰果	傷亡　匪三〇〇名 毀　　房屋一四棟　木船九五隻 　　　帆船六隻　　工事五處
作戰部隊	空軍第一大隊　　空軍第四大隊 空軍第十二中隊　空軍總部飛行科

戰役名稱	重慶撤守戰
起止日期	11 月 27 日起 12 月 1 日止
出動機種架次	B-25 轟炸機 8 架次 P-47 戰鬥機 4 架次 AT-6 偵察機 12 架次
戰果	傷亡　匪一六一〇名 毀　　房屋十一棟　木船六〇隻 　　　輪船一艘　　汽車一輛
作戰部隊	空軍第一大隊　　空軍第十一大隊 空軍第十二中隊

戰役名稱	成都戰役
起止日期	12 月 18 日起 12 月 26 日止
出動機種架次	AT-6 偵察機 9 架次
戰果	傷亡　匪一〇七〇名 毀　　工事五處　　木船四隻
作戰部隊	空軍第三軍區部

附件二　三十八年度各軍區出動飛機架次及戰果統計表

機種機數

軍區	第一軍區	第二軍區	第三軍區	第四軍區
B-24				75
B-25		8	76	251
FB-26		13	1	1,010
P-51	65	24		780
P-47	2		133	9
AT-6	14		48	66
C-47		9	2	29
C-46		5	1	29
F-5		3		10
F-10			1	14
P-40			2	
PT-19			1	1
UC-45			1	
PA-11				
小計	81	62	266	2,274

軍區	第五軍區	東南區	海南區	總計
B-24		261		336
B-25	19	369	103	826
FB-26		575	9	1,608
P-51		1,301	77	2,447
P-47	11	272	9	436
AT-6	43	132	167	470
C-47	2	39		81
C-46	2	59	2	98
F-5		11		24
F-10		24		39
P-40				2
PT-19	2	57		61
UC-45		2		3
PA-11			2	2
小計	79	3,302	369	6,433

消耗

軍區	第一軍區	第二軍區	第三軍區	第四軍區
炸藥（磅）	4,400	12,000	138,104	1,048,630
子彈（發）	38,505	1,500	54,260	827,860
砲彈（發）	4,500			188,490

軍區	第五軍區	東南區	海南區	總計
炸藥（磅）	20,880	1,726,687	101,384	3,041,471
子彈（發）	20,200	1,195,766	703,466	2,841,557
砲彈（發）		119,235		312,225

戰果

軍區	第一軍區	第二軍區	第三軍區	第四軍區
傷亡匪	2,213	1,885	16,865	103,586
斃傷牛馬	16		362	2,489
毀工事	2		59	152
毀房屋	35	10	121	951
毀木船	34		66	3,115
毀橋梁			2	20
毀火車		頭 4 節 3	頭 8 節 5 軌 2	頭 101 節 229
毀汽車	72		246	1,379
毀馬車		8	1,208	1,346
毀輪船				
毀大砲				12
毀倉庫			12	1
毀物資			10	75
毀工廠				
毀飛機			6	3
毀坦克車				5
傷輪船				26
傷木船			54	353

軍區	第五軍區	東南區	海南區	總計
傷亡匪	3,760	28,957	17,298	174,564
斃傷牛馬		301	430	3,598
毀工事	6	313	5	537
毀房屋	20	2,390	373	4,300
毀木船	88	6,734	786	10,823
毀橋梁		24	16	62
毀火車	軌 41	頭 133 節 93	頭 2 軌 2	頭 248 節 329 軌 45
毀汽車	2	350	38	2,087
毀馬車	12	154	27	2,755
毀輪船		47	1	48
毀大砲		1		13
毀倉庫		17	2	32
毀物資		2	2	89
毀工廠		19		19
毀飛機		13	3	25
毀坦克車				5
傷輪船	1	31	1	59
傷木船		739	162	1,308

備註：
1. 木船：包括機帆船、帆船等。
2. 輪船：包括登陸艇、砲艇、軍艦等。
3. 倉庫：包括彈藥庫、油庫、棚廠等。
4. 工事：包括陣地、碉堡、碼頭等。
5. 工廠：包括電力廠、造船廠、電台。
6. 馬車：包括砲車、手推車等。

附件三　三十八年度空運陸軍兵員暨空投空運陸軍軍品統計表

重量：公斤

月份	架次		運出兵員		運投軍品			總重量
	C-46	C-47	數量	重量	空運	空投	合計	
1	415	8	1,258	99,260	2,000	1,283,387	1,285,387	1,384,647
2	2		85	6,800				6,800
3	18	35	520	41,600	33,916	63,526	97,442	139,042
4	17				16,162	43,260	59,422	59,422
5	7				19,380	3,451	22,831	22,831
6	15	5	5	450	50,570		50,570	51,020
7	80	7	35	3,100	258,884		258,884	261,984
8	51	8	7	630	158,860		158,860	159,490
9	24	9	168	13,442	63,153		63,153	76,595
10	23	2	331	198,600	414,490	2,700	417,190	613,790
11	234	8	5,167	416,293	667,040	13,130	680,170	1,096,463
12	65	1	2,458	172,060	38,855	1,100	39,955	212,015
總計	951	83	10,034	952,235	1,723,310	1,410,554	3,133,864	4,086,099

第五篇　39年度

　　卅九年春，我正規軍隊幾已全部退出大陸。嗣為集中力量保衛台灣，又於四月廿九日及五月十六日先後自海南及舟山撤退。在撤出海南、舟山以前，我空軍除協同陸海軍固守東南沿海島嶼及封鎖匪港、攻擊匪大陸軍事設施外，並加強台灣防衛。

　　迨六月廿五日韓戰爆發，廿七日美國杜魯門總統宣布中立台灣，並派第七艦隊開駐我台灣海峽，我空軍奉令對大陸停止攻擊，但仍經常對匪沿海地區實施偵察與監視。

　　本年度空軍戡亂作戰經過概況如附件一，出擊飛機架次如附件二，出擊所獲戰果如附件三，空運陸軍兵員暨空運空投陸軍軍品數量如附件四。

附件一　卅九年度空軍戡亂作戰經過概況表

戰役名稱	定海保衛戰役
起止日期	1 月 1 日起 5 月 31 日止
出動機種架次	B-24 轟炸機 110 架次 B-25 轟炸機 202 架次 FB-26 轟炸機 15 架次 C-47 運輸機 12 架次 P-51 戰鬥機 508 架次 P-47 戰鬥機 112 架次 F-5 偵察機 9 架次 F-10 偵察機 14 架次 AT-6 偵察機 202 架次
戰果	傷亡　匪三三一九名 斃　　牛馬一六頭 毀　　工事五三處　　房屋六四三棟 　　　橋梁一座　　　　火車頭二四個 　　　火車廂二五節　　汽車四二輛 　　　馬車一二輛　　　輪船十七艘 　　　帆船三五艘　　　木船一三一一隻 　　　造船廠五處　　　倉庫十五棟 　　　棚廠四棟　　　　物資十堆 　　　跑道八段　　　　大砲八門
作戰部隊	空軍第一大隊　　空軍第三大隊 空軍第四大隊　　空軍第五大隊 空軍第八大隊　　空軍第十大隊 空軍第十一大隊　空軍第十二中隊 空軍總部飛行科

戰役名稱	海口保衛戰役
起止日期	4 月 16 日起 27 日止
出動機種架次	B-25 轟炸機 144 架次 P-51 戰鬥機 95 架次 C-47 運輸機 2 架次 AT-6 偵察機 45 架次
戰果	傷亡　匪七五九三名 毀　　工事九處　　　房屋二〇五棟 　　　木船一〇四隻　　機帆船三隻 　　　汽油庫二處
作戰部隊	空軍第一大隊　　空軍第三大隊 空軍第十大隊　　空軍總部飛行科

附件二　三十九年度空軍全軍出擊飛機架次統計表

月份 機種	一	二	三	四	五	六
B-24	37	28	20	6	26	9
B-25	129	85	116	205	30	8
FB-26	36	36		14	29	6
P-51	154	126	250	353	112	42
P-47	72	19	46	32	24	22
F-5	8	1	11	3	2	13
F-10	3	2	14	5	3	6
C-46	1	1	6			5
C-47	9	13		10	2	6
AT-6	153	128	168	170	35	48
PT-17						
PA-11	5	1	1			1
小計	607	440	632	798	263	166

月份 機種	七	八	九	十	十一	十二	總計
B-24							126
B-25	10	16					599
FB-26	6	14				2	143
P-51	90	167	93	68	44	65	1,564
P-47	60	83	44	26	16	14	458
F-5	10	10	9	5	3	6	81
F-10	7				2		42
C-46	11	105	150	105	54	52	490
C-47	6						46
AT-6	57	76	102	78	79	87	1,181
PT-17	6	14	26	20	10	4	80
PA-11							8
小計	263	485	424	302	208	230	4,818

附件三　三十九年度全軍出擊戰果統計表

名稱 ＼ 月份		一	二	三	四
傷亡匪		4,028	2,570	4,367	8,991
斃傷牛馬		34	46	10	
毀工事		42	16	22	16
毀房屋		541	327	703	339
毀橋梁		1	2	1	
毀火車	頭	24	13	8	
	廂	5	27	13	
	軌		50 段	40 米	
毀汽車		54	73	40	15
毀馬車		69	8		
毀傷船隻	木船	1,349	2,388	1,546	441
	輪船	13-18	18-3	4-3	
	登陸艇	9-0	1-2	1-0	
	砲艇		2-1	1-1	
	汽船	6-0		3-3	
	機帆船	39-0	71-0	12-2	5-0
	帆船	283		31	
毀倉庫		9	12		
毀工廠		7		1	
毀棚廠		1			6
毀跑道		4		4	6
毀大砲		5	9		
毀汽油			3,650 桶		2 處
毀物資		3	23	3	
毀傷飛機		5-3			4-0
毀造船廠			1	5	
散傳單		22		63	

名稱＼月份	五	六	七	八	總計
傷亡匪	496	13		30	20,495 人
斃傷牛馬	6				96 匹
毀工事	19				115 處
毀房屋	75	6			1,991 棟
毀橋梁					4 座
毀火車 頭					45 輛
毀火車 廂					45 輛
毀火車 軌					50 段 40 米
毀汽車		1			183 輛
毀馬車					77 輛
毀傷船隻 木船	371	100	131	107	6,433 隻
毀傷船隻 輪船		0-1			35-24 艘
毀傷船隻 登陸艇					11-3 艘
毀傷船隻 砲艇					3-2 艘
毀傷船隻 汽船	1-0	5-0	1-0		16-3 艘
毀傷船隻 機帆船	4-0				131-2 艘
毀傷船隻 帆船					314 隻
毀倉庫		3			24 棟
毀工廠					8 棟
毀棚廠					7 棟
毀跑道	3	6			23 段
毀大砲					14 門
毀汽油					3,650 桶 2 處
毀物資					29 堆
毀傷飛機					9-3 架
毀造船廠					6 處
散傳單	14	12			111 萬份 950 公斤

備考：
（一）共毀傷船隻 6,959 隻、飛機 12 架。
（二）第八大隊戰略成果平均命中率：
　　　1. 華商電力廠 83%　6. 櫟社機場 95%
　　　2. 上海電力廠 90%　7. 衢州機場 81%
　　　3. 閘北水電廠 84%　8. 義序機場 75%
　　　4. 馬尾造船廠 40%　9. 長汀機場 79%
　　　5. 深圳車站 86%　　10. 鴨姆州造船廠 79%

附件四　三十九年度空運陸軍兵員暨空投陸軍軍品統計表

重量：公斤

月份	架次	運出兵員		運投軍品			總重量
		數量	重量	空運	空投	合計	
1	219	2,949	185,972	113,010	4,800	117,810	303,782
2	161	575	38,771	158,888	1,500	160,388	199,159
3	166	685	51,316	181,157	6,410	187,567	238,883
4	192	2.863	201,905	76,624		76,624	278,529
5	70	305	21,107	39,315		39,315	60,422
6	69	235	17,015	34,711	3,200	37,911	54,926
7	101	416	33,532	42,402		42,402	75,934
8	102	805	65,363	17,860		17,860	83,223
9	37	422	31,626	2,650		2,650	34,276
10	51	618	46,361	3,590		3,590	49,951
11	62	851	65,151	6,127		6,127	71,278
12	83	813	55,299	27,521		27,521	82,820
總計	1,313	11,510	813,418	703,855	15,910	719,765	1,533,183

民國史料 099

空軍戡亂回憶錄（四）
第十大隊、第二十大隊、第十二中隊及其他單位
Memoirs of Air Force during Suppression of
the Communist Rebellion
- Section IV
The 10th Group, the 20th Group, the 12th Squadron,
and Other Units

編　　者	民國歷史文化學社編輯部
總 編 輯	陳新林、呂芳上
執行編輯	林弘毅
排　　版	溫心忻
助理編輯	詹鈞誌

出　　版　✿ 開源書局 出版有限公司

香港金鐘夏愨道 18 號海富中心
1 座 26 樓 06 室
TEL：+852-35860995

民國歷史文化學社 有限公司

10646 台北市大安區羅斯福路三段
37 號 7 樓之 1
TEL：+886-2-2369-6912
FAX：+886-2-2369-6990

http://www.rchcs.com.tw

初版一刷	2024 年 12 月 31 日
定　　價	新台幣 450 元
	港　幣 150 元
	美　元　20 元
I S B N	978-626-7543-56-6
印　　刷	長達印刷有限公司
	台北市西園路二段 50 巷 4 弄 21 號
	TEL：+886-2-2304-0488

國家圖書館出版品預行編目 (CIP) 資料

空軍戡亂回憶錄 . 四，第十大隊、第二十大隊、第十二中隊及其他單位 = Memoirs of air force during suppression of the communist rebellion. section IV, the 10th group, the 20th group, the 12th squadron, and other units / 民國歷史文化學社編輯部編 . -- 初版 . -- 臺北市：民國歷史文化學社有限公司 , 2024.12

面；　公分 . -- (民國史料 ; 99)

ISBN 978-626-7543-56-6　（平裝）

1.CST: 國共內戰　2.CST: 空軍　3.CST: 戰役

628.62　　　　　　　　　　　113019744